資産10億円プチ富豪のマネーリテラシー

『稼ぐ力』を養う お金の教え60

人生を輝かせる
お金と幸せの方程式

扶桑社

『稼ぐ力』を養うお金の教え60

目次

第1章 極貧生活で知ったお金の大切さ 043

第2章 人一倍稼げるようになる仕事とお金の哲学 083

第3章 お金持ちになるためのサラリーマン的思考の捨て方

プロローグ

お金とお金持ちに対する間違った考え方を矯正する

01

「お金と愛情どっちが大事？」で悩むとお金持ちになれない

世の中には、お金と何かを比較して「どちらをとるか？」と考える人が大勢います。これはお金持ちになれない人の典型的な考え方です。

お金と愛情どっちが大事？
お金と幸せどっちをとる？

お金持ちになれない人に限って、こういう事を言います。それに対して、お金持ちになる人の答えは明確です。

お金も愛情もどっちも大事。
お金も幸せも両方とる。

お金持ちになる人は欲張りです。どちらも大事なので、どちらもとります。お金も大事、愛情も幸せも大事。お金をたくさん稼いで、愛情たっぷりで幸せにもなる。両方あるのが一番いいに決まってます。

給料が安くてもやりがいがある仕事は美しい、素晴らしい。そういう風潮もありますが、これもお金持ちになれない思考回路です。そうではなく、やりがいのある仕事だからこそ、大きなお金をもらえる。それが、お金持ちになる人の考え方です。

そしてお金と愛情、お金と幸せ、お金とやりがい、そのすべてをとるために、必要な労力も努力も惜しみません。

そもそも、お金と何かを比べる質問そのものが間違っています。お金は何かと比較できるものではありません。お金と愛情を比べるのは、お金持ちに言わせれば、心臓と脳とどちらが大事かを比べるぐらいバカげた話です。両方ないと生きていけないに決まっています。

「お金と○○どっちが大事？」、「お金と○○どっちをとる？」と問われたら、どちらか一つを選択しようとする。そんな思考回路は、即刻、捨て去ってください。

誰かに「AとBから選んで！」と限定されても、用意された選択肢から必ず選ばないといけないという考え方は捨てましょう。「私はどっちも必要。どちらか一つなんて嫌！　私は両方とる!!」。それでいいのです。

お金と何かとどちらが大事か比べるようなバカげた考え方、お金を求めないのが美学のような考え方は、自分の中から消し去らないと絶対にお金持ちにはなれません。

仕事のやりがいもそう。他人のためになる、誰かに喜んでもらえる。それは確かにやりがいがあるかもしれません。ですが、だからといってお金がもらえなくていい、給料が安くてもいいというのは違います。それは自分への言い訳、もしくはお金を求める事に対する妥協です。

この考え方も、お金とやりがいを比較しています。両方求めないと、いつまでたってもやりがいがあって、お金をたくさん稼げる仕事はできません。

やりがいもあって、たくさんのお金がもらえるほうがいいに決まっています。それを正直に認めることが、お金持ちへの第一歩なのです。

01

Money Literacy

お金も愛情も両方大事。お金も愛情も両方求める！

マネリテ

02

お金持ちの「本当の姿」を知っていますか？

あなたが気軽に話をできる知人や友人、家族や親せきに、年収（年商）1億円以上、もしくは資産1億円以上の人が、3人以上いますか？

もしいなければ、あなたはお金持ちが本当はどんな人たちなのかを知りません。

あなたが知っているお金持ちは、テレビや新聞、雑誌、インターネットで見聞きしている「誰かに作られたお金持ち像」であって、本当のお金持ちの姿ではありません。

だから、ここからの先の話は、にわかに信じられない事や素直に聞き入れられない事があるかもしれません。

でも、私は年商1億円以上、資産が数十億円を超えている友達がいます。

ここから先の話は、私が知っているお金持ちの話です。マスコミやインターネットには出てこない、本当のお金持ちの話です。

すぐに信じられなくても、疑ったり否定するのではなく、本当のお金持ちの姿はこういうものだと思って読み進めて下さい。そして、これまで自分が築き上げてきた「お金持ち像」を消し去り、改めてください。

一般的に「お金持ちは汚い」と言われています。本当は、お金持ちはお金を持っていない人より、はるかに多く他人に与えたり、人助けをしています。

例えば納税は最大の社会貢献です。お金持ちは、一般的なサラリーマンよりはるかに多額の税金を納めています。

何かビジネスを始めて会社を作る時は、人を雇います。これも雇用創出という社会貢献です。

その他、マスコミに取り上げられていないだけで、寄付や慈善活動に取り組んでいるお金持ちは、本当のお金持ちの姿を知らない人たちの想像以上に多いものです。

もちろん、罪を犯して捕まるお金持ちのニュースも見ます。しかし、それはお金持ちに限らず、お金を持っていない人もいろいろな犯罪を起こして捕まっています。そして、貧困が犯罪発生率を高める、つまりお金を持っていない人のほうが、犯罪を起こす確率が高いのは、残念ですが事実です。

それなのに「お金持ちは汚い奴らだ」、「お金持ちは悪い奴らだ」というイメージが世の中に広まっているのは、どうしてだと思いますか？　なんだかおかしいと思いませんか？

世の中、お金持ちは少数派で、お金を持っていない人のほうが多数派です。多数派は、本当はお金を持ちたいのに持てない。そのみじめさや辛さを正当化するために、お金持ちを悪者に仕立て上げているのです。

お金持ちを汚い人間にしておけば、できない自分を納得させられるし、苦しみからも逃れられるからです。

自分はお金持ちのような汚い人間にはなりたくない……。

汚い事をしてお金持ちになるくらいなら、貧しくても清く正しく生きている自分のほうが素晴らしい……。

お金持ちが悪者だという作り話は、お金がない自分たちのほうが幸せだと現実逃避して、痛みから逃れるための自己防衛の手段なのです。
マスコミは視聴率などを考え、多数派に受けがいい情報を流しますから、「お金持ち＝悪者、汚い奴ら」のイメージがどんどん拡大していくのです。

02
Money Literacy

お金持ちは人一倍社会に貢献しているいい人たち

マネリテ

03

お金持ちを嫌っていたら、お金持ちになれるはずがない

私が生まれた時からずっとお金持ちだったら、「貧乏の実態や気持ちがあんたにわかるはずがない」と言われると反論できません。

でも、私は貧乏だった経験があります。それも、普通レベルどころか極貧レベルの貧乏です。だから貧乏な人の気持ちが本当によくわかります。

ただ、私はどんなに貧乏な時でも、お金持ちを妬んだり悪く思ったりした事は一度もありませんでした。そこが大きな違いです。

貧乏だからと、ひがんだ事もありません。心の底からお金持ちをうらやましいと思い、「あの人たちのようになりたい」と憧れ、「絶対ああなるんだ！」と本気で思っていました。

ブランド物を持っている人を見たら「カッコいい！　あんな素敵な物を私も持ってみたい！」、キレイな服を着ている人を見たら「素敵！　将来、

私も絶対にああいう姿で颯爽と街を歩くんだ！」と、憧れと尊敬の眼差しで、お金持ちを見ていました。

お金持ちになれない人を見ていると、お金持ちを妬んだり、批判したり、ひがんだりする人ばかりです。当時の私は貧乏でしたが、お金持ちを妬んでののしったりする輪には入りませんでした。

お金持ちになるためには、物凄い努力が必要です。ほとんどの人は、具体的な方法はわからなくても、大変なのは心のどこかでわかっているはずです。

その大変さから逃げるため、もしくは、自分が怠け者である事を認めたくない、他人に知られたくない。

だから、今の自分が悪いのではなく、お金持ちが悪い奴なんだ。自分は悪い奴になりたくないから、お金持ちにはならない。このままで十分、普通がちょうどいい……と、自分や子どもに言い聞かせている。

そうすれば、自分を正当化できるし、楽な道に逃げる事もできます。でも、こんな考え方をしていて、お金持ちになれると思いますか？

この本を読んでくれている人は、少なからずお金持ちになりたいという「欲」を持っているはずです。

それなのに、お金持ちを見たら威張っているように見えたり、お金持ちの発言が自慢に聞こえて嫌な気分になったり、お金持ちの行動に腹立たしい気持ちになったりと、お金持ちに対する反感があったら、お金持ちになれるわけがありません。

反感がある、つまり自分が嫌だと思っている人間になれるはずがありません。心の底からなりたいと思っていないのですから、なれるわけがないのです。

お金持ちになりたい、お金を稼ぎたいという気持ちと、お金持ちを妬んで、批判して、ひがむ気持ちは、正反対の気持ちです。正反対の気持ちが自分の中にあるというのは、アクセルとブレーキを同時に踏んでいるようなもの。何をどうやってもお金持ちになれません。

逆に言うと「人はなりたい自分になれる」のです。

だから、お金持ちになりたいのであれば、お金持ちに対する反感はすべて捨て去りましょう。

03

Money Literacy

お金持ちになりたいなら お金持ちに憧れて 大好きになろう

マネリテ

04

「お金を大切にする気持ち」がないとお金持ちにはなれない

大きなお金を稼げるようになって、私は、かかる金額でやるかやらないか、買うか買わないかの判断をする事はなくなりました。お金の事は気にせず、自分の気持ちで判断し思うように行動できます。これが、大きなお金を持つ事のよさでしょう。

ただ、お金を気にしないといっても、無駄な物や無駄な事には１００円でも払いません。むしろ、この金銭感覚は、お金のあるなしに関係なく、変わってはいけないポイントです。これがなくなると、一度お金持ちになってもすべてを失うような憂き目が待っています。

欲しい物はどんどん買えばいい。食べたい物は値段を気にせず食べればいい。それが一生懸命仕事をしてきた自分へのご褒美だし、また頑張って仕事をしようと、モチベーションも継続できます。

ですが、1000円が安いから無駄にしてもいい……。お金持ちになったから1000円くらいどっちでもいいわ……。この感覚は絶対にダメです。お金があるからといって、無駄なお金を使うのは絶対にダメ！

そこは億単位のお金を手にするようになった約10年前から、今もまったく変わっていません。

1円が落ちていれば、必ず「ありがとう」と思って拾います。こう言うと、「お金持ちはケチだからお金持ちになれるんだ」と誤解する人がいます。私自身も、昔はそう思っていましたが、そうではないのです。

お金持ちになれる人は、お金を大事にする気持ちがあるから、たくさんのお金が自分の所に集まってくるし、集まってきたお金が逃げていかないのです。

「そんな迷信みたいなことを……」と思っていたら、お金持ちにはなれません。そういう気持ちはすぐに捨てて下さい。

考えてみて下さい。大切な人（大好きな人）から好意を持ってもらうには、まずは自分から相手を大切にして、自分の気持ちを行動で示しますよね？

大切な相手に「あんたなんて……」とか「あなたくらい……」なんて言ったらどうなりますか？

その程度にしか自分を思ってくれない。そんな人を好きになって、仲良くなりたいと思わないでしょう。重要なのは「あなたが大好きで、とっても大切なんです」と、相手にわかってもらう事です。それは、相手が人でもお金でも同じです。

お金を追求するのは美しくない。お金を求めないのが美徳。そんな考え方をしていたら、ぜったいにお金持ちになれません。そもそも、お金に対して失礼です。

「私はお金が大好きです。だから一生懸命働きます！」。お金持ちになりたいなら、声を大にしてそう言って下さい。

お金は人と同じです。お金も、「お金を好き」と言って大切にしてくれる人の所に集まります。

お金なんていらない……、愛があればお金なんていらない……、お金があると不幸になる……などと言っている人の所に、たくさんのお金が集まってくるはずがないのです。

04

Money Literacy

お金を好きになる。お金を愛さないとお金持ちにはなれない

マネリテ

05

物事の本当の価値と値段の関係を意識する

お金を大切に思う気持ちを養うには、物事の価値を見極める目を鍛える必要があります。

「1万円が高いからダメ」、「1000円が安いからいい」という、高いか安いかだけで金額を判断する。その判断基準は間違っています。1万円でも1000円の価値しかない物もあれば、1万円以上の価値がある物もあります。

大切なのは、値段ではなくて価値です。

1000円でも100円の価値しかなければ、それは「1000円でも高い」のです。

逆に、100万円でも自分にとって300万円の価値があれば、それは「100万円でも安い」のです。

お金を使う時に、物事を値段や金額だけで判断してはいけません。「いくらだから安い」、「いくらだから高い」ではなくて、見極めなければいけないのは、どれだけの価値があるのか。その価値と値段の関係性です。そして、その価値がない物は１００円でも１０００円でも高い。そんなお金は絶対に出さないという固い決意を持って下さい。

その気持ちがないと、お金持ちにはなれないし、なってからその気持ちをなくしてしまうと、お金はすぐになくなってしまいます。

１００円ショップで「安いから」と余計な物まで買ってしまうようなメンタリティでは、お金持ちにはなれません。１００円ショップで売っている物でも、必要のない物は自分にとって価値のない物です。１００円ショップでも財布のひもを固くしないといけません。

逆に、１００万円でも必要な物や自分にとって価値のある物（事）であれば、ポンと買う。そういう値段だけにとらわれずに、物事の価値を判断する習慣をつけましょう。それができるようになってくれば、この本でこれから何回も出てくる「物事の本質、核心」を見る力もついてきます。

昔、広告担当スタッフに「無駄な宣伝広告費は削減しなさい」と言いました。

しばらくして、広告料の支払いは確かに減っていたのですが、気になる事があって調べてみました。すると、あるＷｅｂサイトの広告料が、ファーストビュー（アクセスしたらすぐに表示されるページ）が６万円、２ページ目に広告を出したら２万円の時、その担当者は、広告料を下げようとして２ページ目に広告を出していました。ファーストビューと２ページ目では、広告の効果がまるで違います。私だったら、ここは高くてもファーストビューに広告を出します。

担当者に「なぜファーストビューに出さないの？」と質問したら、「広告料が高いから」と答えました。その担当者は、広告料を下げるのだけがいい事だと勘違いしていました。

それが、「金額しか見ていない」という事です。

２万円が６万円になった。その差額しか見ていない。確かに金額は３倍だけど、その価値があるのかどうかが、まったくわかっていない。私が言ったのは「無駄な広告費を削減しなさい」です。

その6万円はゆくゆく何百万円に変わる価値があります。4万円の差額以上の価値があるのです。そこで支払う6万円は「生きたお金」ですが、2ページ目の2万円は安くても「死に金」なのです。

ただ単に数字だけを見る生活はやめましょう。本当にその価値があるのかどうかを見極めましょう。自分にとって価値がある物（事）は、値段がどんなに高くても高くないのです。まったく価値のない物（事）や不必要な物は、値段がどんなに安くても高い。それを徹底的に頭に叩き込みましょう。

05
Money Literacy

「安いから買う」ではなく必要だから価値があるからお金を使う

マネリテ

06

お金は大事にしなさい。でも、節約してはダメ

お金を大事にするのと節約は、似ているようでまったく違います。お金持ちになって、その状態を維持できる人は、この違いがよくわかっています。

節約は、「何でもかんでも切り詰めて安ければいい」という考え方です。節約をしてしまうと、そこそこのお金しか貯まらないし、大きなお金を稼ぐのも難しくなります。

お金持ちになる人は、使うべきところと使ってはいけないところ、いわゆる「生き金」と「死に金」の見極めが、しっかり身に付いています。だから、お金持ちになれるとも言えますが、基本的にお金は使わないとダメ。そして、その使い方がポイントなのです。

お金持ちは、自分のためにも他人のためにも「生きたお金」を使います。

逆に、お金持ちになれない人、お金が貯まらない人は、無駄なお金＝「死に金」を使っているか、もしくは節約に必死になって「生き金」を使っていないか。そのどちらかの状態に陥っています。

お金が貯まらない人、お金持ちになれない人、一度なっても転落する人がよく言う言葉があります。

「いいじゃん100円くらい」
「いいじゃん10円くらい」

そう言った人からは、必ずお金が逃げていきます。

こういう言い方からは、お金をまったく大切にしていない考え方が、にじみ出ています。お金の気持ちになってみれば、「100円くらいと思われているんだ……」とガッカリします。

人間だってそうです。「あんな人くらい……」と言われたら、自分はどうでもいいと思われているんだと、ガッカリするでしょう。そう言った人のもとに、自分から寄っていこうとは思いませんよね。その人のために力を貸そうなんて思いませんよね。

私は、数十万円のスカートやワンピースを買いますが、ポイントカードもお金だと思っているし、「こうしたほうが得だな」と気付いた事は、それが10円単位でも労力を惜しまずにやります。気付いているのにやらないのは、お金をバカにしています。そして、お金をバカにした瞬間に、お金は逃げていくのです。

近距離の固定電話同士の通話が、1分10円だとします。携帯電話から固定電話にかけたら、1分40円だとします。

固定電話が家にあるのに、少し動くのが面倒で手元にある携帯電話から固定電話にかける。差額は1分30円です。「30円くらいいいじゃん」と思って、携帯電話から固定電話にかけた瞬間、あなたは絶対にお金が貯まらなくなります。

こう言うと「30円くらいでうるさい！　自分が買ってる数十万円のスカートは何なんだ、矛盾してるじゃないか！」と反論する人が必ずいます。

それは、金額しか見ていない「生き金」と「死に金」の違いがわかっていない人の考え方です。

欲しくて欲しくて、それを手に入れるとモチベーションがアップする。そのために使う高額のお金は「生き金」です。自分がただ立って数歩歩くのを面倒くさがって支払っている30円は「死に金」です。

数十万円でも意味のあるお金の使い方と、数十円でも意味のないお金の使い方。この違いが区別できないと、お金持ちにはなれません。私が面倒くさがって、「いいじゃん30円くらい」と「死に金」を使うようになったら、もうお金は入ってこないし、いつか転落していきます。

お金は「いくらだから大事」、「いくらだから大事じゃない」のではありません。お金は1円でも大事で、無駄にしてはいけないのです。得になると気付いた事をしないのは、お金を捨てているのと同じです。お金を捨てるような人のところに、お金が入ってくるはずがありません。

大事なのは、生きたお金なのか死んだお金なのかということ。生きたお金なら100万円でも無駄じゃないし、惜しくない。死んだお金は10円でも、1円でも無駄なのです。

私は銀行のATMで午後6時を過ぎて手数料がかかったら、絶対にお金を引き出しません。あれはまさに無駄金、「死に金」のいい例です。

もし、お金を大切にしようという気持ちがあるなら、絶対にそんな事はしないはずです。

一方で、必要な場面ではドーンと使う。そういうお金の使い方にメリハリをつけられる人が、結果的にお金を貯めることができるし、稼げるようにもなる。その結果、お金持ちになれるのです。

もう一つ、お金持ちになれる人となれない人の考え方の大きな違いは、「もったいない」という気持ちがあるかどうか。

お金を大切にしないのと通じるものがありますが、お金持ちになれない、何をやっても失敗する人は、「もったいない」という気持ちが薄い傾向があります。

仕事を早く片付けない人は、時間がもったいないとか、チャンスを逃す事がもったいないという感覚がないのです。

例えば、スーパーのほうが安く買えるとわかっているのにコンビニで買い物をする人、ATMで手数料がかかるとわかっているのに、時間外にお金を引き出す人は、それが「もったいない」と思っていません。
「もったいない」という気持ちは、お金や時間など、すべてに当てはまります。お金持ちになった人、お金持ちになる人は、みんなこの「もったいない」という気持ちを強く持って、前に進むエネルギーに換えているのです。

06
Money Literacy

生き金は100万円でも無駄じゃない。死に金は1円でも無駄

マネリテ

07

お金持ちになるための思考とは何か？

お金持ちになれない人、何をやってもうまくいかない人は、成功している人を見ると「できる人は自分とは違う」、「あの人だからできた、自分にはできない」と、心のどこかで思い込んでいる傾向があります。

でも、お金持ちになった人から言わせれば、お金持ちになれない人は「やってないだけ」、「頑張っていないだけ」です。

お金持ちになる人は「あの人にもできたんだから、自分にもできるかも」、「あの人がなれたんだから、自分もなれないわけがない」と、心の底から思っています。

だから、これからお金持ちになろうとするなら、まずは「お金持ちも自分も同じなんだ。同じ人間なんだ」という、プラスの方向に考え方を変えていきましょう。

お金持ちになれない人は、悪い方向にばかり目を向ける傾向があります。何かを始めようと思った時、成功する人はチャンスのほうに目がいくけど、成功できない人は、リスクや障害にばかり目がいきます。こんなリスクがある、あんな障害がある、だからやらない。

こういうマイナス、ネガティブな考え方では、成功できるはずも、お金持ちになれるはずもありません。

ただし、これは混同しやすいのですが、危険回避思考とマイナス思考は違います。

私が言うマイナス思考は「このビジネスっていいと思わない?」と、何かチャンスの話を提案した時、最初はみんな「いいねえ」と言います。けれども、「一緒にやろう」と言うと、「いいけどねえ……」と、まず「けど」が出る。そして、「こういうリスクがあるから危ない」、「こういう障害があるから無理」、「こういう問題があるからダメ、やめたほうがいい」と、ダメ、無理、問題探しのオンパレードで話は終わり……。

私からすれば、それはあくまでも現時点で出てきた問題点や障害であって、これからどうやってそれらを解決していくかが大事なのです。

それなのに、いくつかの問題点やリスク要因が出てきた時点で「だからダメね。無理ね」と、その話を終わりにして次のステップに進まない。もしくは、大きな夢や目標を言うと「いやいやそんなの無理……」と、やってもないのに自分で勝手に限界を作ってしまう。こういう考え方が、私の言うところのマイナス思考です。

新しいビジネスを始める時、リスクを計算するのは当たり前です。そこでリスクを計算するだけではなく、出てきたリスクをどうすれば少なくできるか、どうすればメリットに変えられるか。そこまで考えるのがビジネスです。

リスクを計算せずに「ただいけそうだからやってみよう!」、「問題点なんて知ったこっちゃない!」というのは、プラス思考ではなく無茶、無謀です。本当のプラス思考というのは、問題点は問題点としてしっかり把握する。そして見つけたら、問題点にならないようにする、問題点をメリットに変えるための方法を考える。こういう考え方です。

そして、いろいろ考えて解決策を検討して、「これは危険だからやめておこう」というのは、マイナス思考ではなく危険回避です。少し話を聞いて、すぐにダメだと結論を出すのではなく、まずは解決方法まで一生懸命考えてみる。それでもダメだと判断したら、やめておくのです。

いろいろ試してみて、このまま続けたほうがいいか、やめたほうがいいかを判断する。これもマイナス思考ではなく危険回避思考です。

プラス思考、マイナス思考、危険回避思考。この3つの違いを把握して使い分けないと、何かを始める事ができないし、始めても失敗する危険性が高まるし、成功しても転落するリスクも大きくなります。でも、使い分けることができたら、お金持ちへの扉が大きく開きます。

さて、次章からは私が小さい頃の極貧時代から、仕事で稼ぐようになって、自分で事業を展開してさらに大きく稼ぐようになった最近までの話をします。その時々で、このプロローグに書いてある内容を思い出しながら、読み進めて下さい。

例えば、私の過去には、普通の人からするとマイナス思考と思われるような部分が多々あるはずです。

でもそれは、マイナス思考ではなく、プラス思考と危険回避思考が合わさっての考え方なのです。「自分の感覚ではこれはマイナス思考だけど、お金持ちになるための思考回路では危険回避なのか」。こういう意識で読み進めていただくと、世間一般で言われているプラス思考やマイナス思考ではなく、お金持ちになるために本当に必要な考え方と、その使い分け、いわゆるマネーリテラシーが理解できると思います。

そして、もし読んでいて嫌な気分がしてきたら、それはあなたの心のどこかにある、お金そのもの、もしくはお金持ちに対する反感です。嫌な気分になってきたら、このプロローグを何度でも読んで、お金やお金持ちに対する嫌な感情を捨て去ってから、また読み進めて下さい。

07

Money Literacy

プラス思考、マイナス思考、危険回避思考。必要なのは3つの思考の使い分け

マネリテ

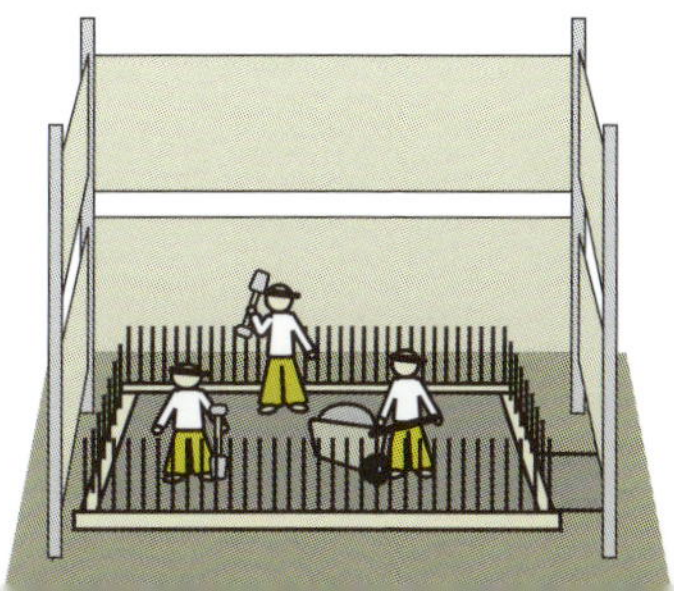

第1章

極貧生活で知ったお金の大切さ

08

貧乏は財産。買ってでもしろ！

昔から「苦労は買ってでもしろ」と言われているように、貧乏も自ら進んででも経験しておいて損はありません。貧乏を経験すれば、お金のありがたみが身にしみてわかります。貧乏を体験すれば「こんな生活は絶対に嫌だ」、「絶対にそこから脱してやろう」、「二度とあんな生活に戻りたくない」という強い意思も芽生えてきます。

子どもの頃、私は貧乏のどん底でした。６人家族（父、母、父方の祖母、兄2人、私）で、全財産３００円！　家は、子どもが1人で登って帰れないような山の上に建つ〝雨漏り〟する借家。食事は当時、一袋20円か30円のインスタントラーメンで、それを1人1袋ではなく、2袋を家族６人で分けて食べていました。「そういう日があったよ」ではなく、それがほとんど毎日、当たり前の食事でした。

私は、幼稚園に通っていた頃までは、どちらかというと裕福な家庭の子どもでした。当時、父は会社を経営し、地元から出た政治家の中川秀直さんの後援会役員を務めたりもして、お金に困ったことはありませんでした。

そんな私の身の回りの環境が急変したのは、確か6歳か7歳の頃。父の会社が不渡り手形を出して倒産しました。

当時は幼かったので詳しい事情はわかりませんが、たちまち家も土地もすべてとり上げられて、私たち一家は明日から住む家すらなくなりました。

住む家を追い出されていなければ、その後の屈辱的で悲惨な極貧生活がなければ、私が38歳の時に2億5000万円の家を建てることはなかったかもしれません。今思えば、すべてを失ったあの時が私のスタート地点であり、貧乏が、お金持ちになるために必要な大切なことを私に教えてくれたのです。

だから「貧乏（と苦労）は買ってでもしろ！」と言いたいのですが、実際に貧乏を経験しなくとも、経験した私がそこから得たものをみなさんにお教えしますのでご安心下さい。そして今まさに、自分が貧乏真っ只中、家計が苦しい、お金で困っているなら、「大丈夫、あなたはラッキーです!」と言いたいのです。

確かに貧乏からお金持ちになるなんて無理。普通に生活できるようになるのが精一杯で、数億円の家を建てるなんて別世界の話。そんなふうに思う人が大多数かもしれません。でも、実はその考え方は間違っています。

実際に私は貧乏からお金持ちになりました。むしろ、貧乏だったからお金持ちになりたいという気持ちが強く持てたのかもしれません。

いわゆる中流で特に不自由のない人。大きな贅沢はできないけど、普通の生活はできている人。多少の不自由はあるけど、凄く困っているわけでもない人。人並みの暮らしができて、普通に学校に行かせてもらえる人。ある程度決まった時間、ある程度決められた仕事をして、ある程度決まったお給料をもらえて、ある程度、想定の範囲内の生活が保障されている人。

こういう安定している人、切羽詰まっていない人たちは、心の底から何かを変えよう、変えたいと思っていないのではないでしょうか?

普通の生活ができている人は、追い詰められていないからハングリーになりにくいし、必死になろうとも思っていないのではないでしょうか？

本当の貧乏を経験すれば、心の底から「こんな生活が嫌」になります。「絶対に抜け出したい」と固く決意するようになります。

お金を稼ぐためには努力も大切だけど、「お金を稼いで資産を築くメンタル」も大切です。そのメンタルを養える環境が貧乏体験にはあります。だからこそ、家計が赤字で苦しい人はチャンスなのです！

そして今、普通の生活を送れている人は「こんな生活は嫌だ」と、単なる愚痴ではなく、私が貧乏だった頃の心の叫びのように、心の底から「お金持ちになるんだ!!」と強く決意して下さい。

貧乏からお金持ちなんて、物凄く頭が良くて、そのうえメチャクチャ勉強して、「いい大学を出てないと無理。そう思う人もいるでしょう。「高学歴＝高収入」で、学歴のない自分には無理。これも間違いです。

私は高校中退。最終学歴は中卒です。もちろん学歴が高いに越したことはありませんので、中卒以上ならあなたのほうが私より有利です！

「中卒の私にできたんだから、学歴がなくても1億円稼げるようになれますよ！」と言ったらどう思いますか？　ほとんどの人が反論するでしょう。「あなたは特別な才能があったから」、「もともと頭が良かったから」、「運が良かったから」、「時代が良かったから」、「たまたまだよ。ごく稀な話だよ」。

これは何もしようとせずに、最初から諦めているだけだと思いませんか？

「ごく稀な話」は当たっているかもしれません。なぜなら、ほとんどの人が否定ばかりして、「私もやってみよう」と思いもしない。「はあ、凄いですねえ」とため息をつくだけで「どうやったらできますか？」と質問もしてこない。当然、行動もしない。それじゃあ何も始まりません。

しかし、ごく稀に行動する人はいる。だから、ごく稀な話というだけではないですか？

もし今、貧乏な状態にある人は、貧乏を嘆くだけではなく「人生を逆転する絶好のチャンス」で、恵まれた環境にある。そう思い直して下さい。

08

Money Literacy

お金を稼いで、資産を築くメンタルを養える環境が貧乏体験にはある！

マネリテ

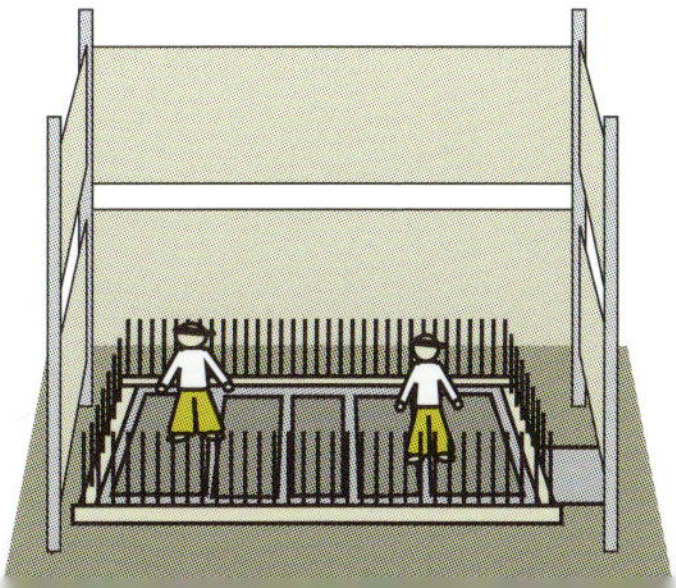

09

貧乏は悪で恥ずかしい事。貧乏人は迷惑をかける悪い人

私は、貧乏は経験したほうがいいけど、いい事だとは思っていません。「清貧」などと言って、清く貧しくつつましく生きるのが美しい。日本では貧乏を美化する風潮がありますが、実際にどれだけの人が本当の貧しさを経験しているのでしょうか……。

私は、自分が極貧生活を経験したから断言できます。貧乏は絶対に美しくなんかない。それどころか貧乏は悪い事です。誤解を恐れずに言えば、貧乏は他人や社会に迷惑を掛けている悪い事と言っても過言ではありません。

山の上に引っ越してから、私の家は電気代、ガス代、水道代、家賃などの支払いは、すべて遅れてばかりでした。

電気やガスはしょっちゅう止められていました。水道はなかなか止めら

れなかったけど、電気やガスはすぐに止められます。これらは1か月分を支払うと再開するのですが、また支払いが遅れるとすぐに止められる。その繰り返しです。

父と母は昼も夜も働いて兄もバイトをしていましたが、幼い私は働くこともできず、祖母と家にいました。

破産宣告をして楽になればいいんじゃないかという話も出ていたようですが、兄が「わしらはいいけど、増由美が嫁に行く時に身元調査をされて、親が破産したことがわかったら結婚できんようになる」と反対してくれたのです。

父も「そうじゃの……。それにやっぱり借金を踏み倒すようなことは人としてしちゃいけんよのお……」と、とにかく遅れてばかりだけど借りたお金は全部返そうと、一生懸命借金を返す日々が続きました。

この話だけを聞けば、多くの人が「大変だったんだねえ、かわいそうだったねえ」と同情してくれるかもしれません。でもちょっと待って下さい。

私の家は、何か月も払うべきお金を払っていなかったのです。どんな理由があるにせよ、それは他人に迷惑を掛けています。

「お金がないからごめんなさい」では済まされない。それで許してもらったり、待ってもらっていたのは、他人の好意に甘え、他人に迷惑を掛けたうえで成り立っていたのです。

例えば、生活保護を受けている人のことを考えてみると、やはりお金持ちや決してお金持ちとは言えない、安い給料で一生懸命働いている会社員たちが払った、貴重な税金をもらって生活しています。

これが他人に迷惑を掛けていないと言えますか？　これが悪くないと言えますか？

私は言えません。私たち家族は、貧乏であるがゆえに他人に迷惑を掛けてしまいました。とても申し訳なく悪い事をしたと思います。

誰が同情してくれても、やっぱり悪い事は悪い。貧乏は他人に迷惑を掛ける悪い事なのです。

子どもの頃、「貧乏は恥ずかしい事じゃない」、「貧乏でも堂々としていればいい」と教わりました。親が言うからそうなのかと思っていましたが、子ども心に凄く違和感がありました。ずっと「何か違う」と思っていました。なぜなら、やっぱり貧乏は他人に迷惑を掛け、恥ずかしいし情けなかったのです。

私が小学生の頃は、給食費を封筒に入れて持って行っていました。その時、うちの家は母が手紙を私に持たせていました。手紙の内容は「今、お金がないのでもう少し待って下さい」。

そして、みんなが給食費の袋を提出している時に、私は手紙を出していました。当然、クラスメイトに私の家が貧乏なのがわかってしまいます。私は、いつも恥ずかしくて情けない想いをしていました。

払うべきものを払っていない。みんなが払った税金をもらって生活している。そういう他人に迷惑を掛けて成り立っている生活をしていたのだから、堂々としていいものではないでしょう。それを「堂々としておけ」は、やっぱりおかしかったと思うのです。

ただ、父もその事はわかっていたのでしょう。それでも幼い娘、つまり私には、貧乏を恥じて生きていけと言うのはかわいそうだと思って、そう言ってくれていたのかもしれません。
しかし本当は、貧乏な時は堂々としてはいけないし、貧乏はやっぱり恥ずかしい事なのです。

09
Money Literacy

貧乏は、他人に迷惑を掛けたうえで成り立っている悪い事

マネリテ

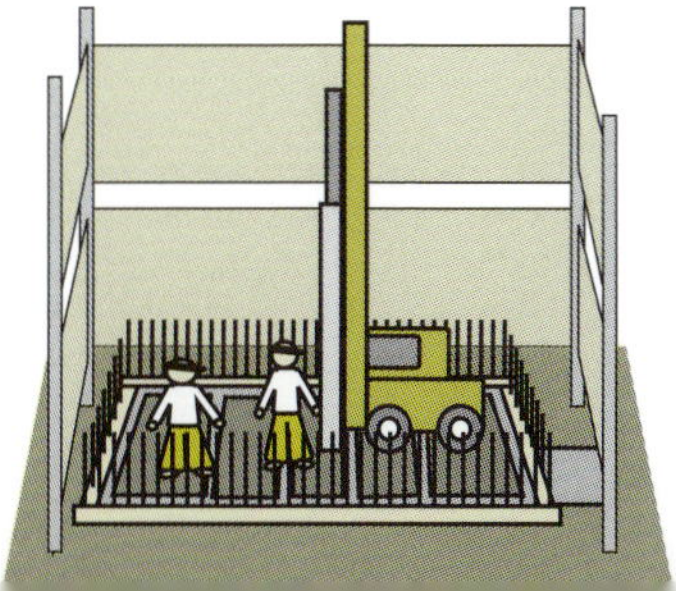

10

貧乏は脱出しろ！　美化してはいけない

どうでしょうか？　読み進めていくうちに貧乏がどれだけ悲惨な事か、そのイメージだけでもわかっていただけたでしょうか。

お金持ちになるためには、貧乏は絶対に嫌だという気持ちが大切です。みなさんにそう思っていただくために、もっと辛く悲しい思い出をお話しします。


差別はいけない事ですが、子どもの世界にも大人の世界と同じように、お金がない差別や職業差別があります。それがいい悪いの判断は今、捨てて下さい。現実としてあるという事と、その善悪とは別の問題です。

私が小学校5年生の時、同級生に「お父さん仕事なにしよん？」と聞かれました。父は借金を返すために給料のいい仕事をしようと、免許をとらせてくれる会社に入りました。そして大型クレーンの免許をとってクレーンの運転手をしていました。私は、父があんな大きな重機を操縦できることを純粋にカッコいいと思っていたので、「クレーンの運転手！」とはりきって答えました。

すると、その同級生は「ああドカチンね、ハイハイ」と。子どもだったから差別用語はよく知りません。でも、その子の言い方と表情で虐げられたのはわかりました。

さらに「持ち家？」と聞かれて、「ううん、家賃払ってるよ」と言ったら、「まあ、ドカチンやもんね」とも言われました。

同じクラスには3階建でピアノがある家に住んでいて、ひと目でお金持ちとわかる家の子どもがいました。子どもの世界にもランク付けがあって、お金持ちの家の子どもはチヤホヤされて、貧しい家の子どもの私は「あんた、お父さんドカチンなんでしょ」と虐げられました。

大人の世界も子どもの世界も同じです。お金を持っているかいないか。その差別は絶対にあります。

私は貧乏とお金持ちと両方を経験しているから断言できます。私がお金持ちになる前は、正しい事を言っても「お前は黙ってろ」と誰にも相手にされませんでした。しかしお金持ちになった途端、みんながチヤホヤしてくるようになりました。自分よりはるかに年上の人でもペコペコです。そして、仮に間違った事をわざと言っても、「あなた様の言うとおりです」と。いい悪いの問題ではありません。今言っているのは、そういう現実があるというだけの話。私という人間、そして発言は何も変わっていません。変わったのはお金があるかないかだけ。お金があるかないかで、扱いにこれだけの違いが出てくる。これが、私が実際に受けた悲しい差別です。だからこそお金は大事なのです。

お金なんてなくても人間性が大事。それは確かにそうです。

私の旦那様は、給料をもらって働いている普通のサラリーマンです。でも人間性は抜群です。私はそこが好きになって結婚しました。お金ではなく人間性でパートナーを選びました。

ただし世の中というものは、お金がないと差別されるし虐げられるのも事実。もしお金持ちになりたいのであれば、それを現実として受け止めないとスタートラインにさえ立てません。

現在貧乏な人、貧乏とは言えないまでも、お金で苦しんでいる人は、「お金なんてなくても幸せ」、「お金より大切なものがある」などと言って、貧乏を美化しないで下さい。

「貧乏は絶対に嫌だ！」、「こんな境遇からは絶対に抜け出すんだ！」。

そういう強い気持ちを持てた時、初めてお金持ちになるためのスタートラインに立てるのです。

10
Money Literacy

人間性は大事。でも、お金がないと差別され虐げられる現実を受け止める

マネリテ

11

お金がないのは首がないのと同じ事

小学校3年生の時、借金を順調に返しながらも、ようやくまともな生活ができるようになりました。やっと我が家も普通の生活ができるのか、そう思った矢先です。ある日、テレビで見るような典型的な怖いスーツ姿の男が、3人でドンドンドン!!とドアを叩きつけてやって来ました。

「これはただ事ではない……」と、子ども心に思いました。

でも、母は「とにかく誰にも言うな」と言います(私には2人の母がいます。後で詳しく話しますが、生みの母は私を産んだ時に亡くなりました。この母は、父が再婚した育ての母です)。だから、私も最初は言いませんでした。でも、そういう怖い人が頻繁に来るようになって、私は身の危険を感じるようになりました。

さらわれるんじゃないかと怖ろしくなって兄に相談しました。母が押入れの奥のほうに何かを隠していたのを見たので、それも伝えました。そして、兄が押入れの奥を探ると、合計で2000万円くらいの借用書が出てきました。この頃は、生活が落ち着いたので母は仕事をやめていました。しかし、父たちが仕事に出掛けた後、母は朝から夕方までパチンコに行っていたのです。そこでお金が足りなくなったらサラ金で借り、サラ金で借りられなくなったら闇金にまで手を出していました。

結局、法外な利息は話し合いの末、正規の利息にしてもらって返すことになりました。また一家総出で働いて借金を返す生活に逆戻りです。

その頃、父の給料は手取りで50万円、ボーナスも80万円~100万円くらいもらっていました。当時の一般的なサラリーマンよりは高給取りだったけど、生活に余裕はありませんでした。ギリギリ生きていけるだけのお金を残して、あとは借金返済にまわすことになったからです。

しかし、母の借金癖は一度では終わりませんでした。

ようやく借金を返し終えて、これから少しずつ貯金をしていこうとすると、また母が貯金分のお金をパチンコに使ってしまう。足りなくなってまた借金。また一家総出で借金を返し、これからは今まで返済してきた分を貯金に回せるぞと思ったら、また使ってしまう。

母に預けたお金が全部ギャンブルに消えていきました。気付いたら、また電気やガスはしょっちゅう止められて、家賃はなんと2年間も滞納していました。それどころか、母は70歳を過ぎた祖母が働いて稼いだお金にまで手を出していたのです。

少しでも返済の足しになればと、祖母は工場の掃除婦として働いていました。毎日、朝から夕方まで仕事をしても月給は6~7万円。8万円稼げた時は、凄く喜んでいたのを覚えています。

さらに、夜は端縫《はぬ》い（着物を洗濯して伸子張《しんしば》りで仕上げる際に、解いて反物状に縫い合わせること）の内職で寝ないで着物を縫っていました。

夜中に目が覚めて時計を見たら3時でした。「まだ電気がついている」。祖母はまだ着物を縫っていました。毎日、昼は工場、夜は端縫い。私は、祖母が死んでしまうのではないかと本当に心配で、いつも「おばあちゃん大丈夫？　はよお寝んさいよお」と言ってました。

私が小学校の高学年になっても中学生になっても、祖母は内職をずっと続けていました。もらえるお金は、どれだけ寝ずに働いても3万円くらい。そうやって借金返済や食費のために辛抱して働いて稼いだお金を、母は巧妙にウソをついては祖母から引き出していました。「お金が足りない、足りない」と言いながら、本当は自分のパチンコ代に当てていたのです。

祖母は毎日、日付と母に渡した金額をノートに付けていました。返してもらおうと思って付けていたわけではありません。ただ、頑張った自分の功績を残したかったのでしょう。

でも毎日そのノートを見ては、「カネがないのは、首がないのと一つ事」とつぶやいていました。「お金がないのは、体があっても首から上がないのと一緒よ」と。

「お金がなかったら、何のために生きてるのかわからん。わしは、お金をとられるために働いとるんじゃ。お金がない年寄りほど、みじめなものはない」と泣きながらノートを付けていました。

私は「お金を出しなさんな」と何度も言いました。でも、祖母は放っておくことができず、「わしが我慢すれば家がうまくいくんじゃ」と、言われたままにお金を出して、自分の事には一銭も使っていませんでした。

祖母は、とにかくかわいそうな人生でした。死にたい、死にたいと、ずっと言っていました。私はそれを見ていて本当に死ぬんじゃないかと、心配で仕方がありませんでした。

ある日の夜、祖母が泣きながら家を出て行きました。しばらく帰ってこなかったので、心配で見に行ったら家の裏の海の前で「飛び込んで、死んじゃろかあ、思うんじゃあ」と泣いていました。

「そんなん言わんで帰ろうや」と、2人で抱き合ってわんわん泣きました。

毎日泣くほど辛いのに、自分がお金を出さなくなったら、もっと家計が大変になる。そう言って自分の楽しみには一銭も使わず、買いたい物も一切買わず、おいしい物もまったく食べず、働くだけ働いてお金を出して、祖母は死んでいきました。

「絶対こんなみじめな人生を送るな、お金を貯めろ」と、私には何回も繰り返し言っていました。

「そんなことないよ、おばあちゃんは、おばあちゃんなりに幸せだったんじゃない？　家族と一緒にいられるだけでよかったんじゃない？」そうやって慰めてくれる人もいるかもしれない。でも、それは絶対に違います。

私は物心ついた頃から、祖母の苦しみをずっと見て育ちました。誰が何と言おうとも、祖母は不幸な人生でした。毎晩、死にたいって言いながら泣いていました。しかし、死ぬことすらできなかったのです。自分が死んだら収入が減る。そして葬式代がかかると、自分が死んだ後の事まで心配していました。

それが現実です。それが貧乏な家の現実なのです。それでも貧乏が美しいと言えますか？

11
Money Literacy

お金がないと自分も家族も幸せな人生を送れない

マネリテ

12

貧乏な家の子どもは勉強もさせてもらえない

兄は、アルバイトをして家計を助けながらも、将来、弁護士になるのを目標に一生懸命勉強していました。

成績も優秀で、高校3年生になると広島大学の法学部にを目指すことに。担任の先生も、兄の成績なら余裕で合格できると言ってくれました。

私も勉強が大好きでしたが、お金がないから問題集や参考書は買えません。私に唯一お金が入るのは、親せきからもらうお正月のお年玉。それを全部つぎ込んで、分厚い参考書や問題集を数冊買っていました。教科書に出てない内容がたくさん書いてあって、凄く楽しくて何度も読み返して勉強していました。普通の家なら、「参考書が欲しい」、「塾に行きたい」と子どもが言えば、親は褒めてくれるでしょう。でも貧乏な家の子どもは、欲しくて仕方がない参考書を「欲しいんだけど……」とお願いすると、「バカな事言うな！　そんなもん買うカネがどこにある！」と怒られるのです。

嫌な勉強をしないでよかったじゃない、そう思われるかもしれませんが、それは与えられるのが当たり前だった人の言い分です。やりたい勉強ができない。それが、どれだけ不幸な事か。

中学生の時、私といつも学年トップを争っていた同級生は、お金持ちで塾に通っていました。私はどうしても負けたくなかった。でも、塾では学校で教えてくれない事を教えてくれる。学校の授業よりどんどん先に進んで勉強している。塾に行かないと、行っている人にはいつか敵わなくなる。そう思い、「塾に行かせて」と親にお願いしました。そして、とても怒られました。「そんなお金がどこにある！　本気でやる気があれば、塾なんか行かんでも勉強はできる！」と。

週2～3回、塾で勉強している同級生と、年に1回やっと参考書が買える私とでは、どんなに頑張っても、いつか引き離されてしまう。その人が塾に行けるのが、本当に羨ましくて仕方がありませんでした。

兄の大学受験も同じでした。両親は、お金がないから大学に行かせる余裕なんてないと進学に反対していました。兄は特待生で入れるし、奨学金もあるから学費はかからないと必死に説得していました。

でも、本当は学費がかかるか否かの問題ではなかったのです。とにかく、働いて家にお金を入れてもらわないといけない。だから、大学なんて行かせる余裕がなかったのです。

私が小学校6年生の時に事件は起こりました。学校から帰って、玄関の扉を開けたら兄の叫び声が聞こえました。

「貧乏人の家に生まれたら、勉強もできんのんかあ！」と、兄は泣きながら家を飛び出して行きました。

私はそれを見て、お金がないのは本当に辛い事なんだと思いました。私も勉強が大好きで成績も良かったけど、兄は私よりもっと頭が良かった。その賢い兄が、しかも男なのに大学に行けないとしたら、女の私が大学に行くなんて無理なんだって。

そこで諦めたというか悟りました。貧乏でお金がないと、やりたい事が何もできない。そして、絶対に私はお金持ちになるんだと誓いました。

結局、兄は特待生で大学に進学できました。ところが、法学部の教科書は1冊数万円。教科書を買うのにバイト、家にもお金を入れなきゃいけないからバイトと、バイトに追われる大学生活でした。当時、大学の先生が「優秀なんだから勉強する時間を与えてやってくれ」と、わざわざ家に来て両親に言っていました。それでも兄はバイトに追われていました。

もし破産宣告をして借金をチャラにしていたら、父も兄ももっと楽だったと思います。でも、私が嫁に行けなくなるからと、一生懸命働いて借金を返してくれた。だから、私は父や兄に凄く感謝しているのと同時に、お金の力、お金のありがたさ、そしてお金の怖ろしさというものを痛感しました。

12
Money Literacy

貧乏でお金がないと、やりたい事が何もできない

マネリテ

13

貧乏な家に幸せな余暇はやってこない

勉強もろくにさせてもらえないのだから、当然、遊びになんて連れて行ってもらったことはありません。

夏休みの宿題で、「夏休みの出来事」という題名で作文を書いたりしますが、私は書く事が何もありませんでした。当たり前です。どこにも遊びに行ってないのですから。お金がないと遊びにも行けないのです。

「いやいや、お金がなくても家族で近所の公園に遊びに行けばいいじゃない。それが一番の幸せだよ、」と思う人もいるでしょう。確かに日曜日などの休みの時に、お金がかからない公園に行く。幸せかもしれません。

どこかに行く事、物がたくさん買える事だけが幸せじゃないよね。家族で公園に行く、こんな幸せないよね。

じゃあ聞きます。お金の心配を抱えている両親が、公園で子供と笑顔で幸せを感じながら過ごせると思いますか？

私も公園くらいは行っていました。というより公園しか行けませんでした。

でも、まったく幸せじゃなかった。いつも母は頭を抱えて考え込み、ため息をついていました。父は、ギャンブルにお金を使い借金から抜け出せない母を怒ってばかり。お金が原因で夫婦喧嘩をしていました。

今でも私は旦那様と娘と公園に行きます。確かに楽しいし幸せを感じます。一方で、ディズニーランドに行こうと思えば、休みさえとればいつでも行けます。お金の心配なんて一切せずに、思う存分ディズニーワールドを楽しめます。お金のかからない公園も、お金のかかるディズニーランドも一緒。両方楽しいし幸せです。

世間的には、お金のかからない公園で楽しめるのが「本当の幸せ」のようになっていますけど、それは何か違うような気がします。

お金がない人は「お金のかからない公園が幸せ」、そう思い込むことで、自分を納得させているのではないでしょうか？　ディズニーランドに行くと、たくさんのお金を使うことになるので、ストレスやプレッシャーを心のどこかに感じているのではないでしょうか?

どこかで自分を誤魔化している部分があるのではないでしょうか? その気持ちが、私の言う「貧乏を美化している」という事です。

私は、そういう境遇が絶対に嫌でした。絶対に抜け出したいと、いつも思っていました。貧乏な自分を美化したり正当化するような考えは、これっぽっちもありませんでした。

13

Money Literacy

貧乏な自分を誤魔化したり、美化してはいけない

マネリテ

14

貧乏は人に殺意まで抱かせる

「お金なんてなくても」という話を耳にします。私は、そういう事を言っている人を見ると、「本当にお金がない体験をした事があるの?」と思うのです。

お金がないと、どれだけ虐げられるのか、やりたい事ができず、どれだけ不自由な思いをするのか本当に知っているのでしょうか。

お金がないために、しなくていい喧嘩をしてしまう事もあるし、もっと言うと、お金がない事は人に殺意まで抱かせます。

兄が父に反抗して怒鳴ったのを見たのは、後にも先にもあの家を飛び出して行った時だけでした。

お金があれば喧嘩をする必要もないし、そんな事で泣かなくても済んだはず。「愛さえあれば……」とよく言いますけど、父は兄に愛情があるし、兄も父に愛情がある。

でも、どんなに愛情があっても涙を流さないといけない、喧嘩をしなきゃいけなくなる。それは、やっぱりお金がなかったからです。

祖母が母を殺そうとした事もありました。

「あいつがおるがために、この家がメチャメチャになる。貧乏から抜け出せん。わしが殺して、自分も死ぬんじゃ！」と言って、祖母が包丁を持ち出してきたのです。

その時、兄が必死に止めました。「あんたはお母ちゃん殺して自分も死んでええかもしれんけど、増由美はどうするね!? 嫁に行けんようになるじゃろ!? あの子のおばあちゃんは、嫁を殺して自分も死んだんじゃと一生言われて生きていかんにゃーいけんのんよ！」と。

祖母は膝から崩れて、ただただ泣くだけでした。一度だけじゃありません。そんな場面を何度も見ました。

お金が原因で人を殺そうと思ってしまう、それも家族を。実際に殺しはしなかったけれど、お金が原因でそれだけの感情が生まれてしまうのです。

世の中でも、ほとんどの犯罪がお金絡みですよね。お金があれば起こらなかった犯罪がどれだけあるでしょう。

お金って本当に大事なものなのです。そしてお金がないというのは、本当に恐ろしい事なのです。

だから、誰が何と言おうとお金は凄く大事。お金によって人はどうにでも左右される。その事をわかっておかないといけないのです。

14

Money Literacy

お金は本当に大事。そしてお金がないのは本当に怖ろしい事

マネリテ

077

極貧生活で知った
お金の大切さ

15

それでも貧乏だからこそ希望を持って！

　ある日、父が帰って来ませんでした。母がおかしいと探しに行きました。父が通る道はだいたいわかっているからと、あちこち探しました。

　父は車を運転しながら自殺しようとしていました。自分が死んだら生命保険が入るから。でも当時、父が入っていた生命保険は、自殺じゃ保険金が出なかった。だから、事故に見せかけて死のうとしました。もし死ねなかったら治療費とかで余計にお金がかかるから、確実に死ななきゃいけないと思っていたそうです。

　物凄いスピードで対向車線のトラックと正面衝突し、居眠り運転として死のうとしていたのです。結局、母が父の車を見つけて連れて帰ってきました。

　何もできない子どもの私にとって、生きている世界は真っ暗闇でした。

喜びも、楽しみも、笑いも、感謝も何もない。毎日がため息と涙と絶望しかない。そんな真っ暗闇でした。そんな時、ラジカセからある歌が聞こえてきました。

今はこんなに悲しくて
涙も枯れ果てて
もう二度と笑顔には
なれそうもないけど……

まさに、その時の私がそうでした。笑顔なんてなれん。そう思っていました。

そんな時代もあったねと
いつか話せる日が来るわ
あんな時代もあったねと

きっと笑って話せるわ
だから今日はくよくよしないで
今日の風に吹かれましょう

中島みゆきさんの『時代』でした。

旅を続ける人々は　いつか故郷に出会う日を
たとえ今夜は倒れても　きっと信じてドアを出る
たとえ今日は果てしもなく
冷たい雨が降っていても

今日は倒れた旅人たちも　生まれ変わって　歩きだすよ
今日は倒れた旅人たちも　生まれ変わって　歩きだすよ

（ＪＡＳＲＡＣ申請中）

いつか、今のこの辛い時が笑い話になって、「あんな時もあったよね」って、みんなで笑える時が来るんだ。絶望だらけの真っ暗闇の中で、私は希望を見つけました。絶対にそうなりたい、凄く小さいけれど、凄く力が湧いてくる希望を見つけました。

いつかは自分でお金を稼ぐようになって、この歌のとおりになりたい！　私がお金を稼いで、父、母、兄、祖母、みんなに楽をさせてあげたい！　そして家族みんなに、この歌を聞いてほしいと思いました。

私はまだ小さいから、お金を稼げるようになるまでに時間がかかる。今がんばってくれているのは父、母、兄、祖母だから、私が大きくなるまで挫けないでほしい。私が大人になるまで待っていてほしい。私が希望を持ったように、家族たちにも「頑張ろう」っていう気持ちになってほしい。

そう思って、『時代』をテープに録音して、毎日大きな音でかけていました。父と、母と、兄と、祖母に聞こえるように。あの歌だけを、ただひたすら大きい音でかけていました。

「うるさいね！　ボリュームが大きい！」と、何度も怒られました。ただうるさいとしか感じていなかったのか、歌詞を少しでも聞いてくれていたのかはわかりません。

でも、なぜか「この歌の歌詞を聞いて」とは言えませんでした。自分は何もできないのに、「これを聞いて頑張って」とは、子どもながらに言えなかったのです。

ただ、これを聞いて何か感じてほしい。とにかく挫けてほしくない。私がお金を稼げるようになるまで待ってて！　その思いだけで、いつも大きな音でかけていました。

中島みゆきさんの『時代』のおかげで絶望の中でも希望を持つことを忘れずにいたから、今の私があるのです。

15

Money Literacy

貧乏は努力でいつか脱出できる。希望を捨てない

マネリテ

第2章

人一倍稼げるようになる仕事とお金の哲学

16

まずは手を付けてはいけないお金を作れ！

祖母が口癖のように言っていた言葉があります。

「稼いだお金の半分で生活して、残りの半分は貯金しなさい」

この言葉が私の中にずっと残っていたのと、もう絶対に貧乏は嫌だという気持ちがあったので、働き始めてから稼いだお金は半分以上貯金していました。

「これを買ったら来月はちょっと苦しい……。でも、どうしても欲しいから買ってしまおう……」。こんな考え方は私にとってありえません。

もし欲しい物を買うなら、自分の生活に何の支障もないところまでお金を貯めてから買うようにしていました。投資は余裕資金でとよく言われますが、買い物も余裕資金でする。その感覚は今も変わらず持ち続けています。

例えば、コップにお金を貯めているとします。コップがお金で満杯になる前にコップの中のお金を使ってしまうと、なかなかコップが満杯になりません。「来月苦しいけど買ってしまおう」というのは、この状態です。

逆に、コツコツお金を貯めて先にコップを満杯にすれば、お金がコップから溢れてきます。その溢れたお金だけを使うように心掛けるとコップは常に満杯です。その状態をキープしていると、不思議なものでコップの中のお金がお金を呼ぶかのようにお金が増えていきます。

また、コップが常に満杯の状態を維持できるようになると、次はコップを大きくする方向に思考回路が変わってきます。その結果、今まで以上に大きなお金も稼げるようになってくるのです。

だから、コップが満杯になるまではコップのお金に手を付けてはいけないし、満杯になったらそれを維持していかないといけないのです。使うお金は常にコップから溢れたお金。こういう状態をキープしていくのです。

満杯がいくらくらいなのかはその時々で違いますが、明日から仕事がなくなっても4~5か月は生きていける、それぐらいの金額が基準です。

私が16歳ぐらいの頃だと、100万円は何があっても使ってはいけないお金でした。ですから貯金が150万円になったら、100万円はないものとして50万円を少しずつ使っていました。

そうやって「生きていくためのお金」と「余裕資金」を分けて、少しずつ「生きていくためのお金」と「余裕資金」を増やしていきました。この「余裕資金」が、お金を稼いでくれるためのお金になるのです。

「お金がお金を稼いでくれる」というのは、投資などいわゆる不労所得といわれるものに近いものです。今でこそ、私はFXなどの投資でバンバン稼いでいるように思われていますが、そんな私も、最初は小さい金額からスタートしました。株や外貨預金、投資信託に数十万円投資するぐらいの金額です。

投資を始める時、いきなり数百万円を儲けるような無謀な夢を見る人がいます。それが可能になるのは、ある程度の資金力と経験を積んでからの話です。資金力があっても、経験がなければ大切なお金を失うだけで終わるリスクがあります。

「投資は余裕資金で」というところの「余裕資金」は、満杯のコップから溢れたお金です。もちろんリスクはあるので、必ず増えると保証されたものではありません。だからこそ「余裕資金」でなければならないのです。

今、コップからお金が溢れていない人は、何よりもまずコップを満杯にする事に専念しましょう。コップが満杯になっている人は、溢れた「余裕資金」で何か買うつもりなら、それを買ったつもりで少ない金額から投資の経験を積みましょう。

16

Money Literacy

生きていくためのお金と、余裕資金を分ける。この余裕資金がお金を稼いでくれる！

マネリテ

17

自分にしかできない事に時間を使う意識を持つ！

17歳で結婚して、家賃3万8000円の県営住宅に住んでいた頃、私はある大きな買い物をしました。

当時の私は、出産と育児で外に出て働けません。そこで、妊娠中や子育てをしながらでもできる仕事はないかと考え、ある計画を立てました。

まず最初に、県営住宅に食洗機を入れました。今では食洗機は珍しくありませんが、20数年前の話です。

しかし、当時の家庭用の食洗機はとても小さく、一人分とちょっと洗えればいいくらいで、入りきらないお皿は結局手洗いしなければなりません。それでは何の意味もないので、業務用の大きな食洗機に目をつけました。

ただ、業務用食洗機を使うには200Vの電源が必要でしたが、県営住宅には100Vの電源しかありませんでした。もちろん、借家ですから勝手に工事をするわけにはいきません。

普通なら、そこで諦めてしまう人が多いのでしょうが、私は県に申請し、許可をもらってまでも自費で電気工事をし、当時30数万円もする食洗機を購入しました。

周りからは、贅沢だとか横着だとか非難されました。「手で洗えばいいものに何十万円もかけて、家事をしたくないだけだろう」と。

そう言う人たちは、何もわかっていません。私は家事をさぼりたかったのではなく、時間を節約して、その時間で勉強をしたかったのです。時間をお金で買ったわけです。

このお金は無駄なお金ではなく、あとから何倍にもなって戻ってくるお金「種銭」です。こういうお金は例え30万円でも50万円でも、安いのです。

そして時間を作り出すポイントは、「自分にしかできない事なのか？自分でなくてもできる事なのか？」。

そこを見極めて、自分でなくてもできる事には極力時間を使わず、その時間を「自分のスキルや価値を上げる事」に回し、専念するのです。

自分でなくてもできる事は、人や機械に任せてしまえばいいのです。

仕事も同じです。「自分にしかできない仕事なのか?」、「自分でなくてもできる仕事なのか?」、「自分以外でもできるなら誰がやるのか?」。それらを常に考えて行動しないと、雑務に追われ生産性は上がらないし、自分のスキルや価値を上げるための時間もとれません。

「お皿洗いや洗濯をするな」と言っているのではありません。手洗いして食器をピカピカにしておけば、家族みんなが気持ち良く食事ができますし、それは立派な価値ある仕事です。

しかし、1日は24時間に限られています。やりたい事も、やらなければならない事もたくさんあるけど、全部はできません。

だったら、優先順位をつけて、自分がやらなくていい事にかける時間を極力減らして、自分にしかできない事に時間を振り分けるしかないのです。

私の場合は、その結果が業務用の食洗機だったのです。

この決断は大正解でした。夫婦2人と赤ちゃん1人の1日分のお皿が、業務用なら1回で洗えます。これで、物凄い時間を短縮。ついでに水道光熱費も節約できました。

　たった少しの時間と思われるかもしれません。でも、それが毎日積み重なると、膨大な時間が、お皿洗い以外の事に使えるのです。

「ちりも積もれば山となる」は、時間にも当てはまります。

17
Money Literacy

時間を売ってお金を得るのではなく、お金で時間を買う意識を持つ

マネリテ

18

せっかく買うなら一番高い物を買おう！

食洗機を購入して、お皿洗いの時間を削って捻出した時間を使い、私はブラインドタッチの練習を始めました。しかも、練習のためにワープロを買うのはもったいないので、紙に描いた絵のキーボードで、本を見ながらタイピングの練習をしました。

なぜ、そんな事をしたのか？

当時はパソコンではなくワープロの時代でしたが、せっかく買うなら、最初から一番高価な高性能機を買いたかったからです。

最初は安い初心者用を買って、タイピングの練習をしながら徐々に使えるようになったら、高価な（高性能）機種を買えばいい……。こう考えるのが一般的かもしれません。

しかし、その次の行動はどうなりますか？　自分の技術が上がったら、もっと高性能な物が欲しくなりますよね。最初の入門機が20万円、その後購入する高性能機が40万円だとしたら、合計60万円かかります。

最初から40万円の高性能機を買った人と比べると、20万円も多くお金を使う羽目になってしまいます。これがいわゆる「安物買いの銭失い」の典型例です。

まだ、これはいいほうです。救いようがないのは、入門機を買って使いこなせるようになったら、スキルアップのために高性能機を買うつもりだったはずが、「使えないわけじゃないし、もったいないから、まぁこのままでいいか……」と妥協して、結局それ以上のスキルを身に付けられないというパターンです。

高性能機を買う40万円の出費を節約して得した気持ちになっているかもしれませんが、それは大きな間違い。実は大損です!!

高性能機には様々な機能が付いています。せっかく高いお金を出したのだから、それらを無駄にしたくないというメンタルが働いて、使いこなせるようになろうと学び練習します。

その結果、スキルが上がり自分の成長につながりますが、先に入門機を買ってしまうと、さらなるスキルを身に付けようとすると、余計にお金がかかってしまう。それが嫌で、買い替えをせず妥協してしまうのです。その結果、初心者レベルのスキルしか身に付きません。

そんな理由で、最初に入門機を買った人と、最初から高性能機を買った人との差が広がり、その差の積み重ねが人生の差になるのです。

私の場合、実際にワープロを購入した時には、ブラインドタッチがすでにできるようになっていたので、すぐに仕事につなげられました。

始めたのは一文字25銭のデータ入力の仕事です。自宅で自分の都合のいい時間にできそうだから、子育て中でも稼げるだろう……。そう目論んでいたのですが、そこまでたどり着くには、様々な困難がありました。

最初は、月に2回くらいしか仕事がなくて、収入も2000~3000円、どんなに多くても1万円くらい。しかも、新人に回ってくるのはキツイ仕事ばかり。締め切りが明日とか、明後日が当たり前。寝ずにやらないと間に合いません。そんな状態がしばらく続きました。

ここからどうしたら次のステージに上がれるのか――。

それは常に意識していたのですが、当時はその道がなかなか見い出せませんでした。

そこで、とりあえず今の自分にできる事、目の前にある事を完璧にこなすように心掛けました。

18 Money Literacy

高い物を買う事で無駄にしたくないというメンタルがスキルを向上させる

マネリテ

19

他人が断る仕事をすれば
お金も信用も稼げる

納期が翌日の仕事は、昼間に仕事を受け取りに行って、帰宅後仕事にかかるので、夕方から翌朝にかけての作業になります。

データ入力の仕事をしている大半は主婦でしたから、夕食の支度もあるし、旦那様が家にいる時間はなるべく仕事をしたくないという意識の人が大半でした。

ですから、そのような締め切りが厳しい仕事は、みんな嫌がって断っていました。

それを私は「できます！」と、ふたつ返事で引き受けていました。

もちろん私も主婦ですから、旦那様がいる間は旦那様の相手をして、旦那様が寝てから仕事。当然徹夜です。

しかし、ミスなく納期に絶対遅れないのが鉄則。そして、自分が頑張った事を「私は寝ずにこんなに頑張ったんですよ。」とアピールする人はたくさんいますが、私は逆です。

「徹夜でやったんですよ……。かなり大変で、でも頑張りました」と言ったら何の価値もなくなると思います。そうではなく、実際は一睡もせずに死にそうなくらいヘトヘトでも、「え？　全然大丈夫ですよ！　楽勝です」と涼しい顔でやってのける。

本当は、夜な夜な寝ずに、泣きながらやっていたんですが、それを外には一切見せませんでした。

そうすると、相手は「こいつ凄いじゃないか!!」という印象を持ってくれます。ずっと続けていると「あの人は普通じゃない」、「才能がある」、「あの人は特別だ」という評判になって、信用が生まれてくるのです。

ところが、こういう話をすると「坂井さんは、パッと見たら間違いがわかるんだ」、「視覚的能力が私たちと違うんだ……」という反応が返ってきます。

そうではありません。私は、単純に他人の2倍、3倍の時間をかけて、他人が2回しかチェックしないところを、5回も6回も見直していただけです。

これは何事にも共通します。できない人は、できる人を見ると特別な才能のせいにしたがります。

最初は、単純にかける時間と手間、努力の量の違いです。そうやって手を抜かずにやっていると、能力や技術が向上してくるから、だんだん差がついてくる。結局、同じ時間でも、私のほうが優れた結果を残せるようになるのです。

特別な才能や㊙テクニックなど何もありません。誰でもスタートラインは一緒。むしろ、私はお金がなかったから、普通の人よりマイナスからのスタートでした。

そこから他人の2倍、3倍の時間をかけたのですから、能力は2倍、3倍になるし、収入も2倍、3倍になるのは当たり前の話です。

と言いつつも、実際に収入が倍々で増えていくのは、まだまだ先の話です。これだけの努力をしても、月収は多くて4万円に満たない程度という、今思えば下積みのような時代が長く続きました。

他人がやらないキツイ仕事を引き受けるのは、貧乏くじを引いてるように思えるかもしれません。同じ金額なら楽なほうをやりたい。

でも、見方を変えれば貧乏くじではなく、信用の種の入った当たりくじなんです。その種を大事に育てると、お金はもちろん稼げますし、信用も稼ぐ事ができるのです。

その証拠に、徐々に「文字の間違いが少ない」とか「絶対に納期に遅れない」、「他の人がやらない仕事や面倒な仕事を断らない」という評判が広まり、その結果、今まで他の人にまわっていたおいしい仕事や、昼間にできて納期も余裕のある仕事もドンドンまわってくるようになったのです。

私が仕事をもらっていた事務所は、いろいろな業者さんの元請けで、私はその下請け的ポジションでした。ある日、業者さんが事務所に問い合わせてきました。

「これは誰がやったの？　次回から全部この人にお願いして！」と。

これまでの努力が実って、クライアントは私の名前を知らないけれど指名が来るようになったのです。

それからしばらくして、また大きな転機がありました。事務所の人がクライアントから呼び出されました。いつも私がやっていた仕事を他の人に任せたら、間違いだらけでクレームが来たのです。

でも事務所の人は手一杯。仕事の内容そのものは私が一番よくわかっているという事で、クライアントの所に行くように指示されました。

その時のやりとりは、今でも鮮明に覚えています。

今回の仕上がりの悪さの説明を受け、今までの出来と比較して、なぜこのような事が起きたのか、いろいろ質問されました。

そして、これまでは私がやっていた事、今回は別の人がやった事を知った先方の担当者が、いくらもらっているのか私に尋ねてきました。

私は「1文字25銭です」と答えました。

すると相手は「えー！　こっちは○万円も払ってるんよ！　うちは、あんただけにやってもらいたい。今度から直接仕事あげるけん」と言ってくれました。

もちろん事務所との関係があるので、丁重にお断りしましたが、今回の仕事の仕上がりに憤慨しているクライアントは、「事務所にはこっちから話す！」とまで言ってくれました。

そうして直接仕事をもらえるようになると、今までよくて月に4万円くらいだったのが、20万円くらい稼げるようになりました。同じ内容と量の仕事で、5倍の収入です。

これを機に私は会社を設立しました。17歳で紙のキーボードでブラインドタッチの練習を始めてから6年かかりました。

19
Money Literacy

才能や㊙テクを求める時間があるなら、そのぶん仕事に時間と手間を掛けるべし

マネリテ

20

誰でもできる仕事で、飛び抜けた成果を出せ

「自分はこんな仕事をしたいんじゃない」、「自分はもっと他に何かできるはずだ」、「もっとレベルの高い、やり甲斐のある仕事がしたい」。

サラリーマンでも独立して仕事をしていても、こういう事を言う人がいます。そこから脱出したいのなら、今の仕事をやめて転職したり新しい仕事を求めるのではなく、まずは今の仕事を誰よりも早く、誰よりも正確に、誰にもできないくらいの高いクオリティでこなしましょう。

文字入力で、直接仕事をもらえるようになったクライアントは、三菱系の大企業です。私が文字入力の仕事を始めた時、「将来は大企業と取引したい」と言ったら、みんなが大笑いしたはずです。

「こんな安い仕事はやってられない、大手クライアントと直接仕事がしたい」と言っても、誰も聞く耳を持ってくれなかったはずです。下請けが関

の山、無理だとバカにされたはずです。

効率が悪くて、朝から晩まで力尽き果てるまでやって4万円……。やっている時間と労力に対して、ありえないくらい安い賃金でした。それでも絶対に手は抜きませんでした。誰よりも早く、誰よりも正確に仕事をしようと心掛けていました。

具体的には、まず10分間で600字程度だった入力スピードを、倍の1200字入力できるようにしました。入力用練習問題の本を、何冊も時間を計りながら入力し続けました。

そして入力ミスをなくして、絶対に納期に遅れない事を心掛けました。ミスをなくすために、他の人たちが1回、2回の見直しで済ませているところを、間違いがなくなるまで、プリントアウトして修正、プリントアウトして修正という作業を繰り返しました。

データ入力の仕事は、結局20人程度雇う規模になるのですが、その時ほとんどの人が、「何回、見直せばいいのですか?」と、質問してきました。

これは、そもそも質問が間違っています。回数や時間の問題ではないのです。

一文字でも間違いがあったら修正し、また最初から全体のチェックをし直す。その繰り返しで、一つも間違いがなくなって初めて正解。やっと出来上がりなのです。それが5回になろうが6回になろうが、完璧になるまでやるのです。

これはデータ入力に限った話ではありません。仕事の結果は、何回やればOK、何時間やればOKというものではありません。自分が納得し、その仕事に自信を持てるまで、とことんやるのです。

納得してない物を出せば、それなりの結果しか出なくて当然です。これまで、何かをする時に回数や時間を決めようとしていた人は、今後一切忘れて下さい。そして、自分が納得できるかどうかを、上達や達成、完成の基準にしましょう。

そういう姿勢で仕事をしていれば、飛び抜けた成果を出せるようになります。

誰でもできる仕事は、続けても仕方がないと思っていたり、やめてしまう人がたくさんいます。でも、その仕事で飛び抜けていれば、次に進める可能性が出てくるのです。

私の場合は、それがデータ入力でしたが、レジ打ちでも何でも同じです。レジ打ちなら、誰よりも早く正確に打てるようになって、他の人の3倍のスピードでお客さんをさばけるようになってみせる。そうすれば、もっと他の仕事を任せてみようかなと、お店側が思ってくれます。

仕事で特別な成果を出すというのは、必ずしも何か新しい事、珍しい事をやってみせるだけではありません。誰もやった事がない事をやるのは難しくても、誰でもできる事を、誰もできないくらいのレベルでやってみせるのは、やる気にさえなれば誰でもできるはずです。

20

Money Literacy

何回やればOK。何時間やればOK。そういう発想は今日から捨てる

マネリテ

21

相手が求めている物を見極めて提供する

文字打ちを始めてから、起業するまでの間に、私は別の仕事もしていました。当時の旦那様の母親がスナックを経営していて、潰れそうだと泣きつかれました。それで、お店を手伝うことになったのです。

接客業は初めてだったので、ママ、つまりお義母さんが「よその飲み屋の女の子を研究しなさい」と、いろいろなお店に連れて行ってくれました。

ところが、私が見た光景は、お客さんが「カワイイね、カワイイね」と女の子を褒めて持ち上げて、女の子は「ありがとうございます」とニコニコしているだけ。

しかも、一軒だけではなく、どこに行ってもそんな感じ。お客さんのほうが気を使って、女の子に話をしてあげている……。そんなふうに私には見えました。

私は、これは逆じゃないか？　これでお客さんは本当に楽しいのか？　何か違うんじゃないかと疑問を持ちました。

ママと一緒に来ていた男性に「あれでいいんですか？」とたずねたら、「そうなんよ、ホント疲れるんよ。わしら男が一生懸命話さんといけないんよ。沈黙が続くのは気まずいじゃろぉ」。

そこで私は、テレビや新聞などを見て、毎日1つは笑えるネタを用意しました。自分から一生懸命話をして、お客さんを笑わせたり、感心させたりする努力をしました。

私の狙いは大当たりでした。潰れそうだったお店が、いつも満員御礼の大盛況。お客様全員が私を指名しているという状態にまでなりました。

なぜ、こんなに人気が出たのか？。

意識したのは、物事の本質を考えて見極める事です。

この人たちは何を求めてきているのか。家で飲めば1000円で済むのに、4000円、5000円のお金を払って、お店でお酒を飲む理由は何なのか。

あわよくば、私と一夜を共にしたい。独身だったら私を彼女にしたい。

そこまでじゃないとしても、1人で飲むのが詰まらないから誰か話し相手が欲しい。飲む仲間がいると楽しい。

そういうものを求めて来るのだろうな、と推測しました。

お客さんが求めているものが何かわかれば、こちらがどうしたらいいか、何を提供すればいいのかもわかります。

単純な需要と供給の関係です。お客さんが求めているものを提供してあげれば、絶対にヒットします。

ヒットするということは、お金儲けができるという事。それがホステスの場合は何なのかを考えて、私は働きました。

だから売れただけであって、そこに特別なカラクリはありません。

毎日ボーッと過ごしていても、他人が求めるものはわかりません。

アンテナを張り巡らせて、世の中で何が求められているんだろう、何がウケているんだろう。

そして物事の表面ではなく、本質を考えるように意識する。

これが、お金儲けの一番の近道なのです。

21

Money Literacy

今の世の中で何が求められているのか。物事の本質は何かを見極める

マネリテ

22

離婚は自分の幸せを追求するための決断

　もう一つ、この期間に重要な出来事がありました。それは離婚です。私はこれまで2回離婚しています。一度目の離婚がこの頃でした。

　これまでの話からすると、仕事に一生懸命になり過ぎたからと思われるかもしれませんが、原因はまったく別です。

　詳細は、相手もある話なので差し控えますが、間違いなく言えるのは、二度の重要な決断があったから、今の私の幸せがあるという事です。

　私はＦＸなどの投資でも稼いでいますが、投資で勝つ秘訣は、損失を確定して自己を守る「損切り」ができるかどうか。これにつきます。人生も同じです。どんなに好きでも、どんなに未練があっても、男（女）を「損切り」できるかどうかで、幸せになれるかどうかが左右されます。

　誰でも間違いはあります。この人だと思ったけど、一緒に暮らしているうちに、そうじゃなかったと気付いた。そうなったら、結婚していようがいまいが別れるのは悪い事ではありません。むしろ傷口が深くなって、とり返しのつかない状態になる前にさっさと別れるべきだと私は思っています。

そもそも、長く一緒にいられる相手かどうかなんて、実際に生活してみないとわかりません。その結果ダメだとわかったら、自分の間違いを認めて、さっさと諦めて損切りすべきなのです。

もちろん、他人同士が暮らしていくのですから、ある程度までは譲り合い、辛抱といったお互いの努力は必要です。

でも、自分の中で絶対に許せない一線を越えてしまったら、そこから我慢してもいい事はありません。

私が離婚しようかどうしようか迷っていた時、周りのみんなから「我慢しろ」と言われました。ただ、我慢にも「必要な我慢」と「無駄な我慢」があります。何でも我慢するのが良い事のように言われていますが、私は大きな間違いだと思います。自分の幸せにつながらない我慢は、するべきじゃない。

その時、恋愛感情がまったくなくなったわけではありません。でも、どんなに好きでも、どんなに情があっても切るべき時は切る。そこに好きか嫌いかの感情を持ち込んだらダメ。

どんなに好きでも、自分の幸せにつながらないと思ったら、そこは切らないといけないのです。

人生はいくらでもやり直せる、いつからでもやり直せる。そこに遅いという事はない。結婚生活も一緒です。離婚という壁さえ乗り越えれば、いくらでもやり直せるのです。

もし、あなたが離婚を考えていたら、これまでに考えた事があったら、自分の胸に問い掛けてみて下さい。

離婚するには、物凄いパワーが必要です。親にも親せきにも友達にも反対されて批判される。経済的にも不安がある。

離婚できない人は、離婚するパワーがなくて、逃げているだけではありませんか？

結局、自分の幸せではなく、それ以外の何かを優先しているのではないですか？

子どもや親、誰かのせいにして逃げているのではありませんか？

我慢している自分を否定されたくないから、離婚した人を批判的に見ていませんか？

もちろん、一回の結婚で一生の伴侶が見つかれば、それはこの上ない幸せです。ただ、一回の結婚で見つからなかったら、人生を我慢して過ごして台無しにしてしまう事が、本当に正しいのでしょうか？　それが本当に立派なのでしょうか？

一度しかない人生で、そんなもったいない事はないと思いませんか？

22

Money Literacy

幸せにつながらない我慢は〝無駄な我慢〟。そんな我慢はしてはいけない

マネリテ

23

楽である事と幸せである事はまったく違う

二度目の離婚は、お腹の中に2人目の子どもがいた時に決意しました。私にとって許せない出来事があったからです。その時、母がこうアドバイスしてくれました。

「離婚はいつでもできる。だから、お腹の子を産んで育てて、自分が働いて稼げるようになるまで辛抱しんさい。今、子どもを抱えて感情的に出て行ったところで、子どもをどうやって育てるんね。とにかく準備して、子どもを抱えてでも生活できる状態になるまで辛抱しんさい」。

私は決意しました。貧しくても母子2人でつましく暮らせばいい、なんてありえない。女手ひとつでも十分なお金を稼いで、十分な教育を受けさせて、男なんかいなくても十分に豊かな生活をしようと。

そして出産後、昼間の文字打ちの仕事は続けながら、夜は子どもが寝てから、高級クラブで働き始めたのです。

正直、悩む気持ちはありました。実は2人目の旦那の実家は、お金持ちだったからです。そのまま我慢して暮らしていれば、自分は仕事をしなくていいし、金銭的には楽に暮らせます。将来、受け継ぐ家や土地など財産もありました。

でも、それは自分の人生にとって物凄く大きな妥協です。楽である事と、幸せである事は、まったく違います。

ここで我慢するというのは子どものため？　本当は自分が楽をしたいだけでは？

その人と一緒にいたら、楽だったのは間違いないでしょう。でも、自分の中で許せない一線を越えた相手と一緒にいても、幸せにはなれません。

周りの人がどう言おうが、どう思おうが、それは幸せになる事とは無関係です。たとえ、親兄妹、親せき、近所の人、周囲のすべての人に「あの人は、よく辛抱して、いい奥さんだ。女の鑑だ」と褒めてもらったとして、それが本当にあなたの幸せですか？

自分の幸せは、誰かに褒めてもらう事ではありません。また、誰かが保障してくれるものでもないのです。自分の幸せは、自分で掴まないといけないのです。

だから私は〝楽〟な道を捨て、財産分与、慰謝料、養育費を一銭ももらわず、出て行く事を決断しました。

23

Money Literacy

自分の幸せは自分で決める。自分で掴む

マネリテ

24

他人の2倍働けば、収入は2倍になる

夜の仕事、ホステスは華やかで楽しい面もありました。お金もかなり稼げました。一方で、文字打ちの仕事は楽しい事はないし、手間も時間もかかります。普通の人なら、楽しいホステスの仕事だけにするでしょう。でも、私は文字打ちの仕事も続けました。

その頃には、データ入力だけで月に30万円くらい、高級クラブは最初から月に70万円くらい稼げました。両方続けるのは、かなりしんどい事でした。忙しい時は、ホステスが終わって深夜0時にまっすぐ家に帰って、朝までデータ入力の仕事をすることもありました。

それでもデータ入力の仕事をやめなかったのは、リスク分散です。どちらかがダメでも、どちらかで必ず収入がある。そういう形を作っておかなければ、という意識を常に持っていました。そして、月に100万円のうちの半分は、私と子どもが自立するための貯金にまわしていました。

20代前半で月収100万円は、世間の基準では高収入でしょう。でも、私にしてみれば当たり前の話です。2つの仕事を掛け持ちして、普通の人の2倍も3倍も働いていたからです。

普通の人は、朝の9時から夕方6時くらいまで働いて、夜はテレビを見て寝ている。その夜の時間に、私は別の仕事をしている。しかも、それぞれの仕事で2倍働いていれば、結局4倍。だから、収入が4倍になっても不思議ではなかったのです。

この頃は、本当にただ寝ずに頑張っていただけでした。横になって寝るのは、1~2時間。あとは移動中に少し眠ったり、少しの間ウトウトしたりするだけでした。

今も睡眠時間は少ないので、「いつ寝よるん?」と、よく聞かれます。

お金がない、家計が苦しい、もっと稼ぎたいと思っているなら、自分の睡眠時間を見直すのは一つの手だと思います。一日6時間とか8時間とかタップリ寝ているのなら、その時間を半分に削れば、何か別の仕事ができます。

こういうアドバイスをすると、「そんな事をしたら体を壊す」、「体を壊してまでお金を稼いでもねぇ……」、「体を壊しちゃ元も子もないし」というリアクションが、お約束のように返ってきます。確かに過労死してしまっては元も子もないでしょう。ただ、過労死の原因の大半は、誰かに課された重労働です。

自分で体調をコントロールしながら、睡眠時間を削って働くなら、そんな悲惨な事にはならないでしょう。実際、私はほとんど寝ていませんが、大した病気もしていません。

それでも睡眠時間を削れないという人は、テレビを見る時間を削りましょう。一日何時間テレビを見ていますか？　私はほとんど見ていません。車で移動中に耳から入る程度です。だから、人気ドラマとか芸能情報とかをほとんど知りませんが、生活するうえで何の支障もありません。

毎日5時間テレビを見ているなら、その時間を削って4時間作れば、1週間で28時間です。これだけの時間があれば何かできるでしょう。

一週間で28時間テレビを見る人と、その時間をスキルアップや仕事にまわす人との差が、長年の間でどれだけになると思いますか？

それが直接、人生の差になるのです。

いきなり普通の人の2倍3倍も仕事をするのは、ハードルが高いかもしれません。それが無理なら、1・2倍、1・3倍でもいいから、今よりもう少し自分を磨く事や、お金を稼ぐ事につながる行動を起こしましょう。

24
Money Literacy

お金を稼いでない時間を計算して、何かできないか考える

マネリテ

25

自分が勝てるポジショニングを考える

高級クラブに勤めていた頃は、お店でナンバーワン。広島全体でもナンバーワンと言われるようになって、銀座からもスカウトが来るくらいの売れっ子になりました。

どうしてそこまでなれたのか？　基本的には、お義母さんのスナックを手伝っていた時と同じです。

スナックもクラブも、いろいろなお客さんが来ます。求めている事は、一人ひとり違います。目の前の「この人」が求めている物は何か。それを徹底的に考えて提供しました。

頭を引っ叩いてくれるような友達が欲しい人には、頭を引っ叩く。チヤホヤして欲しい人には、どこまでもチヤホヤしてあげる。一方的にしゃべりたい人には、ひたすら話を聞いてあげる。

下ネタが好きな人もいれば、嫌いな人もいる。笑うネタも人によって違います。100人いれば100通りの求めているものがある。それを必死に読みとって、応対してあげる。その人が求めている物を読み取り、その人に合ったサービスを提供する。単にそれだけです。

ただ、一つ考えたのがキャラ設定です。勤めたお店には、セクシー路線と知的路線の女の子はすでにいました。

セクシー女子は杉本彩さん似で、色っぽさにカワイさを加えたようなタイプ。知的女子は鈴木京香さん似で、上品で落ち付いた雰囲気に加えて、大人の色気のある女性でした。

特に杉本彩さん似の子は不動のナンバーワンで、カワイくてスタイルも良くて見た目ではかないません。

そこで考え付いたのが「絶対に高級クラブにいない女」でした。

例えば、お上品に座って微笑んでいるだけでなく、どんどん話を振って楽しませる。ガハハッと大口を開けて笑う。

女芸人のように笑わせる。けれど、外見は金髪のウイッグをかぶって、リカちゃん人形みたいにカワイらしく。

そんなギャップがあるキャラ設定をしました。

みんな澄まして標準語で話しているのに、私は広島弁丸出し。しかも、わざと若い子は使わないような、おばあちゃん譲りの広島弁を使いました。

その結果、「どの店にもおらんような、変わった面白い女がおると聞いて来たんじゃ」というお客さんが増えていきました。

セクシー女子は、「女の魅力」でお客さんを惹き付けていました。だから、お客さんがその子に対して求めている本質は、最終的にはその子と一夜を共にしたい。ただそれだけ。

そういう方向性では、お客さんの要求はどんどんエスカレートして、面倒くさいことになってしまいます。

それに、お客さんと寝てしまったら、お客さんの目的は達成されてしまい関係は終わってしまいます。そういうやり方では、一人のお客さんと長くは続きません。

だから、できるだけ色恋を持ち出さないように、男とか女とかを越えて、人として付き合いたい。

お客さんにそう思ってもらう雰囲気作りを、徹底的に考えました。

色恋で来るお客さんは、なるべくかわして、面白いほう、楽しいほうに持っていく。他の女の子たちが恥ずかしがってやりたがらない事もやりました。

いやらしい事ではなく、例えば変顔をリクエストされたら、思いっきり変な顔をして笑いをとりました。

そんな感じであれこれやってると、お客さんは私を女として見なくなります。最初は色恋で来ていても、最後は「もうマユちゃんは、彼女になってくれんでも、ずっと友達でおってくれたらええわ」と、言ってくれるようになりました。

何か仕事を始める時、アイデアを考える時に、私はいつも空いてるポジションを探します。真似は真似でしかないし、すでにいる人を越えるのは大変です。

だったら、自分は違う方向性で勝負する。高級クラブにないもの、いないキャラはどんなタイプか、他人とかぶらないためにはどうすればいいか……。

何か仕事を始める時やアイデアを考える時、そういう視点で頭を使えば、自分が勝負できるところが見つかります。

誰かと勝負する時、その人の武器と同じ武器で勝負する必要はないのです。むしろ、その人が持っていない武器で戦いましょう。

今の世の中になく（少なく）て、自分ができる事は何か、自分が提供できるものは何か。

考えるべきポイントは、そこなのです。

25
Money Literacy

今の世の中になくて自分ができる事、提供できるものは何かを考える

マネリテ

26

お金持ちは、なぜセコく見えるのか？

高級クラブに来るお客さんは、ある程度のレベル以上のお金持ちです。当時の私は、そういう人たちを見て「お金持ちはセコイ」と思っていました。

ところが、自分が億単位のお金を持ってわかったのは、「セコイ」のと「お金を大切にする事」の違いでした。削れる無駄なお金は、10円でももったいないので使わない。生きたお金は、１００万円でももったいなくないので気持ちよく使う。そういう区別です。

その頃は、まだこの違いがわからなかったので「お金を持っている癖にセコイ」、「セコイからお金持ちになれるんだ」と思っていました。

例えば、フェラーリやベンツを乗りまわして、飲みに来たら1回数十万円を使う。それなのに、数百円の銀行の振り込み手数料にこだわるお客さんがいました。

その人は、ネットオークションが儲かるからやってみろと、教えてくれました。手始めに、「自分は時間がないから、代わりに自分のいらない物を売ってくれ」と頼まれました。

そのお客さんは「ジャパンネットバンクと郵便局の口座を作れ」と言いました。理由は、ジャパンネットバンク同士や郵便局同士だと振り込み手数料が安いから。「ジャパンネットバンクか郵便局が使えないなら、俺なら落札しない」とまで言ってました。

当時の私は、「ジャパンネットバンクか郵便局じゃなかったら落札しないって、金持ちの癖にセコイなぁ」、「面倒くさいなぁ」と思いました。

私よりはるかにお金持ちなのに「そこを気にするの!?」とビックリもしました。お金持ちになるには、今よりもっとセコくならなきゃいけないのかと思いました。

ところが、いざ自分が億単位のお金を持つようになると、昔ならさほど気にしなかった振り込み手数料を気にしている事実に気付きました。

「あれ、私、昔はそこまで気にするお金持ちの人を、セコイって思ったよね。でも、今の私はその時よりお金持っているよね」と。

稼げば稼ぐほど、お金の大切さがわかってきたのかもしれません。数千万円しか稼げていない時は、やはりどこか甘かった。その甘さが、数千万円止まりという結果に出ていたのかもしれません。

無駄なものは10円でも20円でも無駄で、もったいないと思う気持ち。そうやって無駄を徹底的に排除する一方で、使わないといけないところにはガッツリ使う。だから、お金が増えるのでしょう。今思えば、稼いでいない時は無駄なお金も多かったような気がします。

今も飛行機に乗る時は、なるべく一番安い早朝の飛行機に乗るようにしています。昼過ぎに着けばいい用事でも、こっちで特に用事がない時ちょっと早起きするだけで5000円「儲かる」なら、早く行こうと思います。

息子は「お母さん、お金もあるしいいじゃん。その5000円ケチって、着てる何十万円の服は何なん？」と言います。

でも、この服の何十万円と、その5000円は違います。服の何十万円は出したいお金、この5000円は出したくないお金なのです。

当時は、億単位のお金を持つには、とにかく「セコイ」ことをしなきゃいけないんだと思いました。お金持ちになるために、セコさを真似しようと思っただけで、理屈はわかりませんでした。

その結果、真似をしてわかったのは、ただ「セコイ」のではなく、お金には「意味のある(有意義な)お金」と「意味のないお金がある」という事でした。

ちょっとした自分の努力で削れるお金は、もったいない無駄なお金。それは、お金を捨てるのと同じなのです。

26
Money Literacy

理屈はわからなくていいから お金持ちの〝セコさ〟を とりあえず真似る

マネリテ

27

成功者を引きずり降ろしても意味がない

その後、私は自分でもネットオークションを始めました。当時は、まだネット通販が当たり前になっていなかった時代。ブランド物をデパートで定価で買ってオークションに出すと、定価以上になって売れたのです。

とはいえ、ただ単に出品していたわけではありません。写真の撮り方や、説明文を詳しく書いたりなど、いろいろな工夫をしていました。

写真は可能な限りキレイに見えるように、暗いところではなく明るいところ、それも蛍光灯ではなく昼間の太陽光で撮る。折りジワがあったらアイロンをかける。他の人が床に置いて撮影しているところをブランドのハンガーにかける……。

それと、背景には一番気を使いました。他の人はカーテンレールにかけて、普通のカーテンをバックに撮っていましたが、その撮り方では、それなりのものにしか見えません。背景がいいと服も豪華に見えます。ですから、高級なカーテンを買ってきたり、キレイな風景をバックに撮影したりして、物凄く手間をかけて、商品のよさが伝わるように工夫しました。

苦労の甲斐あって、同じ商品でも他の人の物は安く落札されるのに、私のほうはお客さんが集中して、値段を競り合って高く落札されるようになりました。

ちょうどこの頃、私が成功すると周囲の人の反応に、ある一定のパターンがある事に気付きました。簡単に言えば、成功した私に対する、妬み、ひがみ、悪口、嫌がらせです。

オークションでは、私が出品すると値段が跳ね上がるので、凄く叩かれました。「あいつは写真の撮り方がうまいだけだ」、「写真を加工してキレイに見せているから詐欺だ」といった、誹謗中傷を浴びました。

これは、どんな世界でもそうなのでしょう。ある人が成功すると、周りの人間は2種類に分かれます。その人を引きずり降ろそうとする人か、その人を目標にし、競い合って努力する人です。

その世界で成功している人を批判しても、一文の得にもなりません。批判する時間があるなら努力したほうが、よっぽど自分のためになります。

他人を引きずり降ろす努力をしている人は、力の入れ所を完全に間違っています。私は何かと目立つので、よく悪口を言われます。それをわざわざ「こんな事言われているよ！」と教えてくれる人がいます。そんな時は、「ああ、そうなん（笑）。じゃぁ、もう私にかかわらんほうがいいよ」と笑っておきます。

何も言わなくても、わかる人にはわかる。わからない人に必死で弁解してわかってもらう必要はないのです。なぜなら、そういう人は自分にとってプラスになる人間ではないからです。わかってくれない人は去って行けばいい。むしろ、去らせたほうがいい。だから、何を聞いても「そうなん」と笑っておけばいいのです。

負けた、悔しい……。そう思う力は、前に進む原動力になります。だから、悔しい気持ちそのものは大切にすべきです。ただし、問題はその気持ちの生かし方です。誰かがうまくいってて悔しいなら、引きずり降ろすのではなく、自分が追い越す努力をする。そこに全力を尽くすべきです。

高級クラブに入った時、ナンバーワンだった女性に対して、私は容姿では絶対にかなわないと思いました。彼女はスタイルが抜群でした。骨格が違うのですから、どうしようもありません。当然、悔しかったです。

でも、彼女を引きずり降ろそうとは思いませんでした。足の長さと細さ、美しさではかなわない……。それを認めたうえで、彼女が持っていないもので、彼女を追い越そう思いました。

悔しい気持ちになった時、引きずり降ろすほうに全力をかけるか、悔しさをバネに追いつこうと頑張るか。その判断を間違うと、その後天国に昇るか、地獄に落ちるかくらいの差になって、自分に返ってくるのです。

27
Money Literacy

成功者を批判する時間があるなら、そのぶん努力すべし

マネリテ

第3章

お金持ちになるための
サラリーマン的思考の捨て方

28

24時間のうち「稼げる時間」をできるだけ増やす

この本を手にとってくれたのなら、理由はどうあれお金を稼ぎたいと思っているはずです。なかには、普通の生活では手にできないくらい大きなお金を稼ぎたいという夢や希望を抱いている人もいるかもしれません。

では、いったいどうすれば大きなお金を稼げるようになるのでしょうか？

まずは、お金持ちになりたいAさんが、お金持ちのBさんに相談に来た時の会話のやりとりを見て下さい。

A「私、お金持ちになりたいんです。どうすればなれますか？」

B「まず、これこれ、こういうのをやってごらん」

A「えー、それは大変そうですねぇ……。時間もないし……」

B「時間がないって、あなた1日何時間くらい寝てるの？」
A「7時間か8時間くらい……」
B「テレビはどれくらい見てるの？」
A「朝少しと、夜、家に帰ってからで、1日3～5時間くらい……」
B「それじゃあ無理ね。もっと働かなきゃ……。寝過ぎだし、テレビを見るのをやめるだけでも5時間も時間ができるじゃない。1日は24時間しかないのよ！」
A「でも、テレビを見ないと世の中の流れがわからなくなるし、寝るのは当たり前ですよね。寝ないで仕事したら、体を壊しますし……」
B「他人と同じ事してたら同じ結果が出るだけ。他人より稼ぎたければ、他人より多く働かないといけないのは簡単にわかるでしょ？　睡眠時間やテレビの時間を削らないと、その時間は作れないのよ。私なんて、忙しい時は1、2時間しか寝ないことはしょっちゅう。徹夜もしてるよ」
A「そこまでしたら、体を壊しちゃいますよ。Bさんは、睡眠時間が少なくて済む、特別な体質なんじゃないですか？　私は寝ないと無理なん

体質なんです……。Bさんみたいな体質うらやましいなあ」

さて、あなたはAさんと、Bさんのどちらに感情移入できますか?

実はこのやりとり。私がお金を稼ぎたいという人から相談を受けた時の典型的なパターンなのです。「こうしたら」とアドバイスをすると、ああだこうだと言い訳をして、「できない」、「私には無理」と答える。そういう人は、絶対にお金持ちになれません。

好きなだけ寝て、毎日何時間もテレビを見て、そこそこ仕事をして……。そんな生活でお金持ちになっている人、社会的に成功している人はいません。少なくとも、私は「楽をして好きなようにやってたら成功した」という人に、今まで会った事がありません。

お金持ちになっている人は、寝ずに仕事をする生活を、ずっと続けているわけではありませんが、人生のある時期には、寝る時間を惜しんで仕事に没頭しています。その段階を乗り越えて、普通では得られないような大きなお金と時間を手に入れています。

この最初の段階（＝寝ずに仕事に没頭する）ができるかどうか。それが、将来的にお金持ちになれるか、ぼちぼちの収入で終わるかの分かれ道です。時間は誰でも24時間しかありません。みんなと同じように寝ていたら、みんなと同じようにしかなれません。みんなと同じ金額しか稼げません。

一生懸命、仕事をするというのは、決められた勤務時間の中で自分のできる範囲で仕事をする事ではありません。他人が寝ている時間も仕事をする。そうして初めて、多くの人に差をつけることができるのです。

こう言うと「何も考えずにがむしゃらに働けば、誰でも報われるのか……」と拡大解釈する人もいますが、それも違います。

時給８５０円で寝ないで働く……。いつまでもそれを続けていたら、やはりお金持ちにはなれません。

でも、あくまでも最初の段階では、時給８５０円で5時間働くところを、10時間働くのです。そうすれば、５時間分みんなよりも多く稼げます。

そして、みんなと同じ5時間分を生活費にして、残りの5時間分を、自分磨きのため、将来への投資やビジネスをするための「準備のお金」として貯蓄にまわすのです。

これからお金持ちになる人、すでにお金持ちになっている人は、こういう考え方をベースに持っています。

また、ずっと時給850円で頑張る……というのも、方向性が少しずれています。

しかし、いきなり時給3000円の仕事ができる人はいません。最初の段階は、他の人より長く働く、他の人が寝ている時間も働きます。そうすれば、経験も他人より多くなり、スキルも向上します。

その結果、働く内容の密度が濃くなって、だんだん時給の高い仕事ができるようになってきます。

最初の段階で「こんな時給の安い仕事はやってられない」と不満を言ってる人、安い仕事を嫌がってやらない人には、将来的に時給3000円の仕事もまわってきません。夢を見ているだけで終わります。世の中、そんなウマイ話はありません。

最初は誰でも安い時給からスタートしています。私も、最初にもらった

28

Money Literacy

お金持ちの一歩は、安い時給の仕事でも、他人よりも長く多くやる事

マネリテ

時給は喫茶店のアルバイトで650円でした。時給が安い時期に、文句を言わずに他人より長く働いて、より多くの仕事をする。そうすれば、仕事の密度が高くなって時給が上がり、結果として収入が増えてくるのです。

将来お金持ちになるための第一歩は、安い時給でみんなが寝ている間も働く。ここから逃げていたら、その先には進めないのです。

29

確証がないと動けない人は、お金持ちになれない

これだけ仕事をすれば、時給いくら、月給いくらの報酬が必ずもらえる。こういった確証がないと動けない人は、いつまでたってもお金持ちにはなれません。

私がこれまでやってきた仕事も、いつも確証はありませんでした。やり始めて最初の数か月は収入ゼロ。しかも、ゼロがどこまで続くのかもわからない。むしろ、経費がかかるのでマイナスです。

周りで見ている他人は「ほらね、お金にならないでしょう」と笑います。これが大きな間違いです。お金持ちになれない思考回路の典型的パターンです。

何事も、すぐに成功するはずがありません。種をまいて、次の日に実がなるわけがない。果実ができるまでには、畑を耕して、種をまいて、水や

栄養分を与えて……。育てるために、一生懸命手間暇かけて働きます。そうして、やっと果実が実るのです。

お金持ちになれない人は、そこができていません。やったら翌月には決まった給料が受け取れる。そういう確証がないと動けない、もしくは動かない。

自分で何かビジネスをしようと考えたら、その確証はいつまでも得られません。だから、いつまでたっても動かない。結局、いつまでたっても大きなお金が手に入りません。

もちろんリスクはあります。いつ果実ができるのか、まったく予測がつかない。そんな無謀な挑戦をしろと言ってるわけではありません。日当たりが悪くて、果実の出来が悪い時もあるでしょう。

それらのリスクはすべて計算済み、想定内です。その「計算したリスク」を受け入れて、チャレンジするのです。例えば3か月や半年間は栄養分を与えるだけ。果実が採れるのは、1年先だなと計算したうえで、それでもやる。

その果実が採れない間の手間暇を受け入れるのが、「計算したリスク」を受け入れるという事なのです。

そして、お金持ちは、やるとなったらすぐに行動を起こします。今やれば、4か月後には果実が採れる。でも、1か月遅らせたら5か月後になってしまいます。この1か月のロスが物凄くもったいないから、すぐに行動するのです。

ところが、お金持ちになれない人は、「果実を採れるのがいつになるかわからない」、「頑張ってもたくさん採れるかどうかわからない」と言って行動しません。それでは、一生果実が採れません。

ある日、お金で困っているCさんが相談に来ました。

本当に大変そうだったので「こういう仕事をしたら20万円くらいになるからやってみる?」と、短期間でできる仕事を紹介しました。

その場には、仕事をしなくても暮らしていけるくらいの財産を持っているDさんもいました。Dさんからすれば、20万円は大した金額ではありません。

その後、どうなったか……。

お金に困ってたはずのCさんは、結局その仕事をやりませんでした。ところが、一緒に話を聞いていたお金持ちのDさんが、「自分もちょっとやってみる」と言って、サッサとやってきました。

Dさん曰く「やれば確実にお金が稼げるなんて、いい話じゃない！」。その一方で10万円、20万円のお金に困っていたCさんが、いつまでたってもやらない。この違いは何なのでしょうか……。

今すぐに行動しないと、果実を食べる時期が遅れて、結局自分が損をする。すでにお金を持っている人たちは、それをよくわかっています。だから「すぐにやろう」という姿勢が骨身に沁みついています。

この傾向は、普段の生活にも表れてきます。キッチンが汚れている、洗濯物がたまっている。それを後回しにする人は、今すぐしなければならない事があるわけでもないのに、後回しにしてしまいます。それは、単なる後回し癖。

一方で、時間に追われて忙しい人は、気付いた時にサッサと片付けてしまいます。この違いが仕事や人生に表れてきます。

あとでできる事は、あとでやろう。こういう後回し癖、先送り癖は、果実をいつまでも食べられない、つまりお金持ちになれない人の考え方や習慣です。

後回しにした事は、「やらなければならない」事としてたまっていきます。そうすると、次に新しい事が来た時、前の事がたまっているからすぐに取り組めません。結果、「他にやらなければならない事がある」、「やる時間がない」と、新しい事ができない言い訳をする。そういう悪循環が生まれてきます。

大きなお金を稼げる人、仕事ができる人、成功する人は、やらなければならない事がたまるのは嫌だから（＝損だから）、どうせやらなければならない事なら、サッサと片付けてしまいます。そうしていつもフレッシュな状態でいれば、いつでも新しい事にチャレンジできるからです。

ポンとチャンスが舞い込んだ時、やるべき事がすべて片付いていれば、すぐに取り掛かれます。つまり、チャンスを生かせる可能性も高くなってきます。

お金持ちになった人は、チャンスを生かしてきた人たちでもあります。チャンスを生かす人、逃す人の違いは運だけではありません。日常生活での考え方や習慣も関係しているのです。つまり、チャンスを生かす環境を自ら作っているのです。

29 Money Literacy

お金持ちになる人は先送りしない。やると決めたらすぐに行動に移す。

マネリテ

30

お金持ちは、特別なチャンスに恵まれたわけじゃない！

お金持ちは、チャンスを生かしてきた人たちですが、特別なチャンスに恵まれた人たちではありません。お金持ちになってからは、お金がない時よりいろいろな話が来るので、確かにチャンスは増えます。

でも、お金がなかった時は、何か特別なチャンスに恵まれたわけではありません。スタートラインは、みんな同じです。私なんかは、世間一般の平均よりはるかに貧乏でした。

チャンスそのものは、特別な才能がなくても、誰もが見つけているし出会っています。それを生かせるかどうか、行動に移すか立ち止まるかは、考え方の違いです。

チャンスを生かせない人は、先送り癖に加えて「これがこうなったらやろう」という、条件や前提ありきの考え方をしています。

「お金が貯まったらやろう」、「人脈ができたらやろう」、「経験が積めたらやろう」、「この問題が解決したらやろう」と、いかにも準備しているかのように言います。そして、永遠に準備中なのです……。

私がお金がなかった頃、友達と「これやったら絶対流行るよねぇ～」と言っても、誰も乗ってきませんでした。みんなが「いや～、私には無理」と、ああだこうだと理由をつけてやろうとしませんでした。

私は一人ぼっちで、当然不安になりました。だから、いろいろな人に話をしました。でも、誰一人やろうという人がいませんでした。

そこでどうしたか。「不安だからやめた」ではなく、「じゃあいいよ。私1人でお金持ちになるわ！」と言って、行動に移しました。

チャンスは誰もが目にしているし、気付いています。でも、みんな怖くてやらない。私は怖くてもやってみた。それだけの違いなのです。

そして、私がやって成功すると、みんな「私もやればよかった」、「あんたは運がいい」、「あなたはいつも成功するよね」と、羨ましがります。

世の中には、何をやっても成功する人と、何をやっても成功しない人がいます。それは、その時々の運やタイミングの問題ではなく、すべての事に通じる物事の考え方の違いです。「いつも成功する考え方」をしているのか、「いつも成功できない考え方」をしているのか。

何かを判断する時に、自分の考え方がどちらに傾いているのか。いつも自分の胸に問い掛けてみましょう。

30

Money Literacy

チャンスだと思ったら行動に移す！　永遠に準備中ではお金持ちになれない

マネリテ

31

サラリーマンは安定と引き換えに大きく損をしている

多くのサラリーマンは、会社への不平不満ばかり言っています。そういう人の話を聞くと、私は「そんなに文句を言うなら、独立して自分自身で会社を作って、満足できるように生きればいいじゃない」と言います。

でも、そう言うと、「お金がない」、「人脈がない」、「知識がない、経験が、スキルが……」と「ないない話」が返ってきます。この根本にあるのは、失敗を怖れるメンタリティです。

失敗したら恥ずかしい。失敗したら怖い。だから、安定という逃げ道と引き換えに現状にとどまっている。そういう人たちを見ると、私はとてつもない大損をしているように思います。

私は、他人から時給や月給という形でお給料をもらった経験がほとんどありません。最初に勤めた時、18万円程度の給料をもらって「私の価値はこんなもんじゃない！」と腹立たしくなりました。

前述したように、父が会社をやっていたので、もともと自分で事業をやりたいという感覚はあったのですが、それに加えて、絶対に勤めるのはやめようと固く決意しました。

当然、女1人で何の保証もありません。営業して仕事をとってこないと、どこからも収入がありません。明日、どうなるかもわかりません。

けれども、「自分の時間は、時給いくらで売れるようなものではない」と、自分の時間を大切に思っていたので、二度と他人から給料をもらおうとは思いませんでした。

サラリーマンは、自分の時間を売る代わりに、ある程度の安定を手に入れています。悪い事だとは言いませんが、同じ時間でもっと大きなお金が得られる可能性を捨てています。その点で、大きく損をしているという事を知っておいたほうがいいでしょう。

私はいつも成果報酬で仕事をやってきました。誰かと組む時でも、売り上げの何パーセントを下さいと言ってやってきました。

成果報酬は、成功したら大きなお金が手に入ります。でも、成功しなければ1円も入ってこないリスクもあります。それでも、私は昔から成果報酬主義です。

成果報酬を選ばない人は、自分に能力がないのを自覚しているからです。成功させる自信があれば、何百万円、何千万円という大金が入ってくるのですから、成果報酬を選ぶはずです。

言い換えれば、自分がかなりの確率で失敗する、成功しないと「信じている(わかっている)」から、成功しての数千万円より、失敗してもゼロのリスクがない、定額や月給を求めるのです。

お金持ちになる人は、「これだけやったらいくら」の定額なんて、絶対に嫌がります。その代わり、成功しないと1円にもならないから、寝ないで必死にやります。全精力を注ぎ込みます。最低限、会社に行ってさえすれば給料がもらえるサラリーマンとは、本気度や必死さが違ってきます。その差が結果に表れます。

サラリーマンでいる限り、お金持ちになるのが難しいのは、その辺のメンタリティも大きく関係しているのです。

だからといって、他に方法がないわけではありません。

実際、FXの世界では「兼業トレーダー」といって、他の仕事をしながらトレードでもお金を稼いでいる人が大勢います。

私は、みなさんにサラリーマンをやめろと言っているわけではありません。失敗を怖れるメンタリティでは、お金持ちになれないと言っているのです。失敗を怖れ、チャレンジしないメンタリティが大損していると言いたいのです。

31
Money Literacy

安定を望み、失敗を怖れ、チャレンジしなければお金持ちにはなれない

マネリテ

第4章

大きく儲けるための商売の哲学

32

商売のチャンスは、見えない仕組みにある

商売のキッカケ、ビジネスのチャンスを見つけるために、私がいつも心掛けている事があります。それは「裏の仕組み」を観察する事です。

何かを見たら、反対側の立場で物事を考えます。「これが欲しい」、「これをしたい」と思ったら、「これ」を商売にするにはどうすればいいのだろう、と同時に考えるのです。

「何かするだけで5000円もらえる」という話があるとします。例えば、試供品をもらって住所と名前を書くだけで5000円もらえる。パーティに出席するだけで5000円もらえる。そのうえ、おいしい食事も全部タダ……。

ほとんどの人は「これだけで5000円もらえるんだ！」と喜ぶだけでしょう。

こういう話を見聞きしたら、私は、なぜこれで「5000円払える」のだろうか……。そこを考えます。パーティの会場代、料理、さらに5000円を払ってでもどこかに儲かる仕組みがあるはずです。私は、その5000円が欲しくてパーティに行くのではなく、その仕組みがどうなっているのかを知りたくて行ってみたいと思います。

世の中には無料で提供されているものがたくさんあります。例えば、オンラインゲーム。完全無料で途中から課金されるわけでもないゲームがあれば、これを作っている人は、どこでお金を儲けているのかを考えます。

何か無料のイベントがあったら、なぜ無料なのか、どこからお金が出ているのか。フリーペーパーなら、なぜ無料で配れるのか、これを発行している人は、どうやって儲けているのか……。

無料だからと喜んでいてはダメです。無料で運営できるのはなぜか？ビジネスで儲けられるようになるためには、そこを考える視点を持つ事が大切です。

世の中で流行っているなら、絶対に誰かが儲かっています。だから、そこの儲かる仕組みを自分も作れば、自然とお金は儲かります。

実際問題としてそれがすぐにできるかどうか、参入できるか否かは別として、常にそういう視点で世の中の仕組みを観察していると、「今はこれをすれば儲かるんだ」という、ポイントを見抜く目が養われてきます。

この視点を持っていないと、いつまでたっても消費者でしかありません。同じ物を見て、そこでお金を払う消費者で終わるのか、そこからお金を生む人になるのか。

いつも儲かる仕組みを観察していれば、毎回ではなくても、何回かに1回は自分も参入できるチャンスが生まれるのです。

32
Money Literacy

何かを見たら、反対側(提供する側)の立場で物事を考えてみる

マネリテ

33

愛とお金、両方があって初めて幸せ

私にとって、何よりも優先順位が高い大切な物は、愛する旦那様や娘・息子たちと一緒に過ごす時間です。

お金を稼ぐという行動は、その大切な家族と幸せに過ごすため。お金は、家族と幸せに過ごすための手段や道具であり、目的ではありません。目的は「家族と幸せに過ごす事」です。だから、家族との時間を犠牲にしてまで仕事をしようとは思いません。

それは、昔も今もこれからも変わりません。だからといって、お金と愛どっちをとるかと聞かれても、「愛」と答えるわけではありません。「お金」とも答えません。私の答えは誰がなんと言おうと「愛とお金、両方」です。どちらかじゃないとダメ、と言われても、「そんな事はあなたに決められたくない。両方です！」と答えます。

今の旦那様と知り合って、外で働かなければならない仕事である高級クラブのホステスは、あっさりやめました。そんな時間があるなら、旦那様と一緒に過ごしたい……。2人の時間を大切にしたい……。

データ作成の仕事は、その間もどんどん拡大していました。機密データを扱うために、クライアントの会社に常駐するような案件も増えてきていました。時給に換算すると5000円にもなっていました。

でも、私は拘束されるのが嫌でした。旦那様は平日休みですが、私は土日が休み。お金が儲かっても休みが合わないのは、2人のためによくありません。

私の幸せの定義は、お金だけじゃない。お金があって愛し愛される人がいる。その両方がないと、私にとっての幸せではありません。どちらかが欠けても本当の幸せではありません。

仕事だけを優先して、旦那様の休みに私がいない、私の休みに旦那様がいないとなると、長い月日がたつといろいろ問題も出てきます。

その頃、大きく成長しそうなビジネスのアイデアを思い付いていました。

パソコン教室です。今なら当たり前ですが、当時はまだ出始め。あっても、1時間2万円とか、一般の人が気軽に利用できる料金ではなかったのです。クライアントの会社の社員にパソコンを指導する仕事も頼まれるようになって、これは需要があるとヒラメキました。

しかも、私のこれまでの仕事を評価してくれて出資の話もありました。絶対に流行るし当たると確信していたので、旦那様とも相談しました。でも、どんなに大儲けできても、一緒にいられる時間が減ってしまったら嫌だと旦那様が言ったのです。その一言で、アッサリとその話を終わりにしました。

旦那様は普通のサラリーマンです。サービス業で休日が不規則です。私が定休では、旦那様と休みが合わずにすれ違い生活になってしまいます。

家族との幸せのためにお金は必要だけど、そのお金を稼ぐために、家族とすれ違いになるなら幸せじゃない……。

どちらかだけではダメなんです。愛とお金、両方揃って本当の幸せがあるのです。ですから、私が自由にできる別の仕事、家庭第一で副業できる仕事はないかとリサーチを始めました。

そこで見つけたのがインターネットビジネス。なかでも、「ライブチャット」という、ネット上で男性が、「チャットレディ」と呼ばれる女の子の顔を見ながらしゃべれる、バーチャルのキャバクラみたいなもの。その運営に、私は興味を持ちました。

当時の仕組みは、お客さんとなる男性が1分100～200円を払って、チャットレディは1分40円くらいもらっていました。時給に換算すると2400円です。

高級クラブでは、お客さんの横に座ります。肩を組まれたり、足を触られたり、酔っ払って抱きついて来たりと、嫌な事もたくさんあります。でも、ライブチャットならそういう危険がなくて、しかも24時間自分の都合のいい時間に仕事ができます。

これくらいの時給をもらえて、嫌な思いをする危険がないなら、女の子を集めやすいのではないかと思いました。

それに、自分がチャットレディになって稼いだら1分40円で終わりですが、運営側にまわれば、仕組みを用意するだけで1分60円～160円くらい稼げます。

しかも、インターネットビジネスなので、運営といっても仕事のほとんどは自宅でできます。

「こんな素晴らしいビジネスはない！」、「これは絶対にイケる！」。

私はそう思ったのですが、周りの反応は「そんなのヒットするわけがない」という冷ややかなものでした。

今だから言える事ですが、周りが反対したら、その時こそチャンスです。

私は、自分1人でやってみる事にしました。まずは、自分でチャットレディを経験して仕組みを探って、その後、運営会社を買収しました。

結果、それまで数千万円単位のレベルにとどまっていた私が、数億円のお金を稼ぐようになったのです。

33

Money Literacy

幸せのためにお金は必要でも家族と幸せになれない稼ぎ方ではいけない

マネリテ

34

謙遜は自分の価値を下げるだけ

私は基本的に謙遜をしません。謙遜するのは損だと思います。人にしろ物にしろ、人間は〝凄いモノ〟、〝希少価値のあるモノ〟を手に入れたくなります。だから私は、本当は泣きながらやった仕事でも、「楽勝です」と言うようしてきました。

自分ができることは、オーバーなくらいアピールします。でも、できない事をできるとウソをつくわけじゃありません。私が「ダメなんです」、「できません」と言うのは、謙遜ではなく素直に本当にダメ、本当にできない時だけ。

だから、謙遜する人の気持ちがわかりません。

仕事で、上司や取引先に褒められると、「そんな事ないですよ……」、「自分はまだまだです……」と、謙遜する人をよく見かけます。意味がわかりません。「これなら完璧だ！」というレベルまで仕事をして、褒められたら、私なら嬉しくて「ありがとうございます！」と、満面の笑顔で答えます。「忙しくて大変でしょう？」と聞かれたら、「はい、おかげさまで、あっちからもこっちからも、ひっぱりだこです。でも、○○さんの仕事は最優先でやりますよ！」と答えます。すると、クライアントはひいきしてもらって嬉しいというか、得した気分になります。そして、クライアントなのに、仕事をしてもらっているという感覚も生まれます。

これが、謙遜しないで希少価値を生むという事です。

逆に、「いえいえ、そんな事ないです。○○さんに仕事を頂いて助かります」と謙虚して答えたらどうでしょう？　クライアントに感謝の気持ちを込めているつもりでしょうが「なんだ、そんなに仕事ないのか。うちが仕事をあげてるから成り立ってるのかもね。感謝しろよ」と、仕事をあげてるんだぞ的な感覚が生まれます。

レストランで食事をして、シェフに「おいしいですね」と言って「それほどでもありません」と答えられたらどう思いますか？　複雑な気分になりますよね。自分の仕事に自信を持っているシェフは絶対に謙遜しません。「おいしいですね」とお客さんに褒めてもらったら、笑顔で「ありがとうございます」とお礼を言います。

これは、レストランに限った話ではありません。自分のプライドをかけて、一流の仕事をしている人たちは、謙遜はしません。自分が提供するものに自信があるのなら、謙遜なんてする必要ないのです。

「謙遜＝自信がない＝それだけの努力しかしていない」。謙遜というのは、心のどこかにあるやましさの表れ。謙遜したくなったら、まだまだ努力が足りていないのだと自覚しましょう。そして、謙遜しなくてもいいほど、もっと言うなら、逆に自慢したくなるまで、とことん努力しましょう！

34

Money Literacy

謙遜しない事で希少価値が生まれる

マネリテ

35

少しずつ自分を大きく見せてハードルを上げろ！

謙遜が美徳、謙遜するのが当たり前――。多くの人がそう思っているから、私のような人間は嫌われます。

でも、謙遜しない私を嫌うのは、私にとって付き合う必要のない人たち。もっと言うと役に立たない人たちでした。

謙遜しないで自慢した時に、「こいつは凄いんだな」と寄って来てくれる人は、役に立った人でした。その時の自分より稼いでいる人たちで、仕事やチャンスをくれる人たちでした。

自慢する私を嫌う人は、私より稼いでいない人たちで、私を引きずり降ろそうとする人たちでした。付き合って損をする事はあっても、得をする事はない人たちでした。だから、そんな人たちに嫌われても何とも思いません。

相手は自分が嫌って、勝ったような気になっているかもしれませんが、私からすれば、謙遜しない事が、付き合うべき人と付き合う必要がない人を見分けるフィルターの役割を果たしています。つまり、こちらが選別しているのです。

だから私は、大多数の人に嫌われるのがわかっていても、謙遜しません。嫌われる事に何の怖さもありません。むしろ、故意にそうしているのです。

今、私が人を使う立場、誰かに仕事を任せる立場になって、謙遜する人には仕事を与えようと思いません。「自分はこうで、これだけの事ができる。凄いでしょ！」と言う人には、何かを任せてみようかな？ 大きい仕事を依頼してみようかなと期待して、とりあえず試してみようと思います。

でも、「私なんてまだまだです」と謙遜する人は、試してみようとすら思いません。世間的には「謙虚でいいね」と言われるのかもしれませんが、チャンスを掴みたいなら、それは違います。

チャンスを掴みたいなら、自分がどれだけできる人間かをアピールする。そして、言ったからには責任を持つ。今の実力が10なのに12、13のように言って、絶対に12、13にする。ウソはつかない。自分で上げたハードルは、絶対に越える。だから、自分が成長していくのです。

謙遜する人は、本当は10できる自信があるのに8のように言っておいて、10できたらみんなが凄いと褒めてくれることを狙っているのでしょう。確かに、それで見せかけの評価は上がるかもしれませんが、自分自身はまったく成長していません。それでは、自分で自分の成長をブロックしているのと同じです。

謙遜しないで、実力がある事をアピールする。そうやって、自分にプレッシャーをかけ、それを力に変え、努力してグングン成長していくのです。

もちろん、あまりにもかけ離れてできない事を言ったら、ただのウソつきになります。本当は10なのに、30、40に見せるのは無謀、無責任です。

しかし、少しずつ自分を高めていくためには、自ら自分のハードルを高くして、それを乗り越えていかなければならないのです。

35

Money Literacy

自分にプレッシャーをかける事で、少しずつハードルを上げる努力をする

マネリテ

36

お客様への感謝の気持ちが商売の大前提！

どんな仕事でも、プライドを持ってやらなければ一流にはなれません。スナックの手伝いも、高級クラブのホステスも、チャットレディも、世の中的には「水商売」とバカにしたり、見下したりする人がいる仕事です。

それでも私はプライドを持って仕事をしていたし、恥ずかしいと思った事は一度もありません。だから、そういう仕事をしていた事を隠そうとも思いません。

自分の仕事を堂々と人に言えないなら、いい仕事なんてできません。だったら、早くやめて別の仕事をしたほうがいい。

お客さんに喜んでもらうために、精一杯できる事をする。それが仕事へのプライドです。その大前提には、お客さんへの感謝の気持ちがあります。

他に多くの女の子がいるのに、自分のところに来てくれた。1分100

円も払うつもりで来てくれた。それだけで嬉しいし、感謝の気持ちでいっぱいです。だから、せっかく来てくれたからには喜んでもらいたい、楽しい時間を過ごしてもらいたい。そういう気持ちが芽生えてきます。

感謝の気持ちは商売の大前提です。その感謝の気持ちの表れが、お店だったらいい商品や心地良い接客だし、レストランだったらおいしい食事だし、チャットレディだったら楽しいトークなのです。感謝の気持ちが前提にないと、相手を楽しませる事もできません。やっぱり気持ちが態度や行動に表れるのです。

36
Money Literacy

相手への感謝の気持ちを持ちながら、自分の仕事にもプライドを持て！

マネリテ

37

考え方に筋を通せ！
やるならプライドを持ってやれ！

何をやっても成功しない人は、思考回路が矛盾している傾向があります。考え方に筋が通っていないのです。

例えばチャットレディでは、私が経営していたのは、ノンアダルトサイトなのに「脱いで」と頼んでくる人がいました。お客さんが望んでいるなら脱いであげたらいい。もちろん、脱ぐにも限度はあります。下着は脱げないけど、水着くらいはなってあげればいい。こう言うと「えー!?」と思いましたか？　「そこまでするの?」と思いましたか？

同じく雇っていた女の子たちはみんな嫌がりました。

しかし、考えてみて下さい。誰でも、海やプールに行けば水着で歩いてますよね。じゃあ、なぜ1分100円ものお金を払ってくれているお客さんに水着姿が見せられないのか、見せてはいけないのか。まったく私には理解できません。それなら海にも行くなよ……と言いたくもなります。

世の中には〝寄せて上げて〟と、胸の谷間を作るブラジャーがあります。堂々とCMをして、女性に人気で売れています。今では寄せて上げるブラは当たり前になっています。

では、寄せて上げて胸の谷間を作るのは何のためなんでしょう？　明らかに見せるためですよね。

誰に？　男性に見せるために、女性はない胸を寄せて上げて豊満に見せて、けなげな努力をしているのです。いやぁいい事です！

ところが、1分100円も払って来てくれたお客さんが「胸の谷間を見せてほしい」と言ったらどうなるか？　1分100円ものお金をもらっている女の子が「ふざけるな」、「キモイ」、「二度と来るな」と、お客さんに罵声を浴びせて回線を切ってしまうのです。

これも、まったく筋の通っていない矛盾した不思議な話だと、私は思うのです。

見せるために寄せて上げて胸の谷間を作って、普段の生活ですれ違う人、電車の中でチラ見する人に、タダで見せているのに、1分100円ものお金を払ってでも見せてほしいという男性に「キモイ」と激怒する……。

チャットレディに限った話ではありません。見てもらいたいから作ってる胸の谷間なのに、上司や取引先の男性が見たら、セクハラだと不快感を持つ。

筋の通らない考え方、矛盾している思考回路というのは、例えばこういう事です。前に進みたいのに、アクセルとブレーキを同時に踏むような事をいつもしているのです。

こう言うと、「プライド」の話を持ち出す人が大勢います。チャットレディで水着になったり、胸の谷間を見せたり、高級クラブなのに変顔するのは、「プライドがあってできない」。それは大きな勘違いです。プライドを捨てる事じゃありません。「高いプライドがあるからできる」のです。

「プライドがあるからできない」と言う人の「プライド」は、プライドでもなんでもなく、ただ自分が未熟なだけです。自分の仕事にプライドを持っていたら、お客さんの求めている事をできる限り、精一杯努力して、提供したいと思うはずです。その気持ちがないなら、その仕事をするな！　簡単な事です。

とはいえ、どんな要求でもお客様の要求にすべてに応えろと言ってるわけではありません。最大限の努力をしたうえで、できない事はやっぱりできません。それと、勘違いのプライドでできない事とは別物なのです。

37

Money Literacy

成功したければ、自分の考えや行動に筋を通せ！

マネリテ

38

お金を払う人の「期待値」を上回る仕事をする

話は変わりますが、2リットル入りの水のペットボトルが2万円で売れるかどうか――。

日本国内では、もちろん売れないでしょう。でも、砂漠のど真ん中で水がない状況なら、その価格でも売れるでしょう。

砂漠のど真ん中で売っている2リットルの水には、お金を払う人にその価値があるからです。

「欲しい人に欲しいものを売る」。それが物やサービスを、より高く売る基本です。

お客さんがどうしたらお金を払ってくれるのか。お金を払う人の心理、どうしたらお金を払いたくなるのか。そこを徹底的に考えて行動しないと、誰もお金を払ってくれません。逆に言うと、そこをうまくできれば、お金は自然に出てきます。だから商売もうまくできるのです。

「3000円で仕入れた物を3万円で売ります！」と正直に言ったら、誰も買いませんよね。「元値数千円の絵具と筆で描いた絵を、630万円で売ります！」と言ったら、誰も欲しがりませんよね。

商売というのは、元値は内緒にして「これは本当にこの値段の価値があります」と言って、お客さんに夢や期待を買ってもらっているのです。

世の中みんなそうです。悪く言えば、みんな騙されて物を買っているのです。そこを、お客さんにいい気持ちになってもらって、「騙された」と思われないように工夫するのが商売の本質です。

この絵は本当に価値があるのかわからない。いざ買ってみて、高い買い物をしたと思われたら、騙してるし騙されてる。こんな価値のある物を手に入れていい買い物をしたと思ったら、騙してないし騙されてない。

値段の問題ではありません。数千万円でも騙されてないと思えば騙されてないし、数百円でも騙されたと思えば騙されてます。

騙されたと思わせないコツは、お金を払ってくれる人の期待値を上回る価値を提供することです。

だから、お金を出す人が自らお金を出したくなるように動けばいいのです。

洋服だってそう。「生地がちょっといいだけで、何でこんなに高いんだ、ボッタクられている!!」と思われたら商売にならない。でも、デザイン、ブランドにそれだけの価値がある、「お金を出してでも欲しい、この値段で手に入るなら安い!!」と思わせれば、スカート1枚が数十万円で売れたりもするのです。

商売がうまくいっていない人、うまくいかなくなる人は、そのあたりをはき違えている事が多々あります。

「お金を出して下さい」とお願いするのではなく、「お金を出してでも欲しい」と思わせるように自分が行動するのが商売なのです。

気持ちよくお金を払っていただくために、それ相応の接客や努力、工夫をするのです。高いお金を払っても、もったいないと思わせない。むしろ、お客さんをいい気分にさせるのです。

お金を払う人が、いい気分でお金を払って、もったいなかったと思わせないようにするためには、常にお客さんの期待値を上回らなければならないのです。それなら、お客さんは何を期待しているかを考えればいいのです。そこを意識して動きましょう！

38

Money Literacy

相手の期待値を上回る事ができれば商売はうまくいく

マネリテ

39

やりたい事とお金を稼ぐ事は「イコール」ではない

自分が楽しめる事とお金を稼げる事は、必ずしもイコールではありません。お金を稼ごうという目的を持ったら、「自分のしたい事」と「目的のためにしなければならない事」をきちんと区別しなければダメです。

例えば、外国為替証拠金取引であるＦＸは、投資したお金が増えたり減ったりするので、単純にゲームとしての面白さもあります。ただ、その面白さだけでやってしまうと、目的のためにしなければならない事ではなく、単に自分の楽しみのためにしたい事をしているだけになってしまいます。

ＦＸでお金を増やそうと思うなら、自分が楽しむやり方（自分のしたい事）とは、別の手法（目的のためにしなければならない事）を用いなければなりません。

チャートを見ていると、ここでエントリーしたい、ポジションを持ちたいという感情が湧いてきます。そのとおりに行動すると、楽しい気持ちが手に入ります。それでお金が増えたらもっと楽しくなります。

ところが、勉強や練習をしていない人が「ここでエントリーしたい」と思うポイントは、損失が出やすいポイントである事がほとんどです。

私も最初はゲームのようにハラハラして楽しくて、FXにハマりました。しかし、その結果、3か月で100万円のお金がなくなりました。

その後、勉強と練習を重ねて、自分がエントリーしたいと思うポイントと、儲けられるポイントが異なる事を知りました。

また、長期的に利益を出していくためには、絶対にしたくない損切り（損失確定）をしなければならない事もわかりました。

ですから、FXでお金を儲けるためには、自分の気持ちを抑えなければならない。損切りしたくないという気持ちを抑えて損切りしなければならないのです。

急激にチャートが動くと、簡単に儲けられそうに見えて、そのチャンスを逃したくなくて、エントリーしたくなります。でも、勢いよく動くという事は、儲けられるチャンスでもあるけど、あっと言う間に損失が出るリスクもあります。だから、エントリーしたい、相場に参加したい気持ちを抑えて、戻り（次のチャンス）を待たなければならない。

ポジションを持っていれば、もっと利益を伸ばしたいと思います。その気持ちのままにポジションをキープするのが、自分が楽しいやり方です。その欲を排除して、その手前で確実に利益を確定する。楽しくないけど、それが儲けられるやり方です。

ＦＸでお金を儲けようと思うなら、欲や楽しさといった自分の気持ち、感情を排除して、ポイントが来たらエントリー、ポイントが来たら利確（利益確定）、ポイントが来たら損切りと、ただ淡々とやるべき事をやらなければならないのです。投資でお金を増やすのに、楽しさを優先させてはいけません。

何をするにも、大切なのは目的意識です。お金を稼ぐためにやっているなら、それ以外の事は排除する。お金を稼ぐ事を最優先にすべきなのです。会社の人間関係もそうです。「上司と合わない」、「同僚と気が合わない」、

39

Money Literacy

仕事や商売や投資の目的はお金を稼ぐ事。楽しむ事ではない

マネリテ

「取引先に嫌な奴がいる」。こういう文句を言う人は、自分のやりたい事と、目的のためにすべき事の区別ができていないのではないでしょうか？

自分がなぜ会社に行っているのか？　「友達を作るため」、「楽しむため」ならば、そのようなグチが出てもなんの問題もありません。

しかし、もしあなたが会社に行く第一の目的が「仕事をしてお金を稼ぐ事」であるならば、上司や同僚、取引先と、合うか合わないかはどうでもいい話です。仲間や友達を作る事が第一の目的で会社に行っているのではなければ、自分の目的は何なのか。その目的に合った行動をとりましょう。

常にキチンと自覚して、目的にあった行動をとらないと、大きなお金は稼げないのです。

40

自分が働かなくてもお金が儲かる仕組みを作れ！

今の私は、月に数百万円くらいなら、何もせずに入ってくる仕組みを持っています。必死に仕事をしていた時の、何倍ものお金をほとんど仕事をしないで稼げます。

じゃあ、その必死に働いたのが無駄だったのかというと、そうではありません。すべての始まりは、最初は他人より長く、他人より何倍も努力して働く事でした。その土台があったからこそ、当時の苦労があったからこそ、今の仕組みがあるのです。

父が商売をしていたので、会社に勤めて働く、誰かに雇われてお金を稼ぐという考えは、基本的に頭の中にありませんでした。

最初は自営業から始まって、少しずつ人を増やしていって最終的には、自分が働かなくてもお金が儲かる仕組みを作るという意識が自然とありました。

最初に喫茶店でアルバイトを始めた時から、ずっと思っていました。何か事業をするには、ある程度のまとまったお金が必要になるので、そのお金を貯めるために、今は頑張るしかない。

文字打ちの仕事をしている時も、ホステスをしている時も、その意識はずっと心のどこかにありました。

チャットレディもずっと続けるつもりはありませんでした。ホステスをやって超売れっ子になって、自分でお店をやろうかと思った事は何回かありました。でも、その場合、私がいないと成り立たないのがわかっていました。それでは、自分は極力働かずに稼ぐという、自分が目指すところから外れてしまいます。

しかし、チャットレディなら全国から女の子を雇えます。その中から何人か売れっ子が出れば、私がいなくても十分成り立つ。そう考えて、2000万円でライブチャットの会社を買収し、全国から女の子を集めて事業をスタートしました。

２０００万円というと大きな金額のように聞こえるかもしれませんが、その頃にはそこそこお金が貯まっていたので、自分がとれる範囲のリスクでした。

その頃から、女の子たちが働いてくれて、私の人生で初めて「時間の余裕」ができるようになりました。そうすると、不思議なもので、お金も今までとは比べ物にならないくらい、トントン拍子で増えていきました。

40

Money Literacy

他人よりも何倍も働く事から始め、働かずにお金を稼げる仕組みを作る

マネリテ

41

目標は高く、自分でも信じられないくらい高く！

人間は、知らず知らずのうちに、自分に対して限界を作っています。私も、いつも目標を高くしているつもりでしたが、ある人と出会って自分の未熟さを痛感する出来事がありました。

その時の会話は今でも忘れていません。その人は私に質問してきました。

「月にいくら欲しいの？」

私は答えました。

「まあ月に100万円くらいあればいいかな」

その人は不思議そうに言いました。

「なんでそうなの？　今、月に100万円なら、次は1000万円、次は5000万円稼ごうと思わないと、いつまでも稼げないよ。ずっと月10

0万円のままだよ」

月に1000万円!? いやいやいや、そんなの無理よ……と、私は思いました。いえ、思ってしまいました。私の中に月にそれだけ稼ぐ、稼げるという感覚がなかったのです。

データ入力の下積み期間を抜けてからは、何をやっても月に100万円くらいのお金は稼げていました。普通に生活するなら、月に100万円もあれば困る事はありません。

正直、当時の私はそこで満足していました。さらに月300万円、500万円という意識はなかった。月に100万円で十分というより、それ以上を目指そうと思うと、しんどいし、まあいいか……と、どこかで思っていたのでしょう。

さらに、その人はこう尋ねてきました。

「何歳になったら、仕事をリタイアするの?」

私は普通に、サラリーマンの定年が60歳くらいだから、自分も60歳か65歳で仕事をやめるものだと、何の根拠もなく思っていました。その人は言いました。

「自分は45歳でリタイアする。そのための資産を作るために、今頑張ってるんだ。40歳でリタイアしようと思ったら50歳くらいになるから、60歳でリタイアしようと思ってたら、70歳か80歳くらいまで働かないといけなくなるよ」


その時、ハッとしました。

「月1000万円稼ぐ」と聞いてどう思いますか？　できないと思えばできません。当時の私も雲の上のような世界だと思いました。ありえないとさえ思いました。

でも、目指せば、自分の努力とやり方次第でできるようになります。私も、本気で目指してから、どうやったらそれだけ稼げるかを考えるようになって、行動が変わって、実際に稼げるようになりました。

現状に満足して目指さなければ、いつまでたってもそこにはたどり着けません。

いつも、目標は高く持つようにしていました。自分は高く持っているつもりでしたが、まだまだ未熟だったのです。

その人の言葉を聞いて、ハッとした瞬間から、私はいつも雲の上のように思えるところに、目標を設定するようにしています。

41
Money Literacy

できないと思えばできない。目標を高く持つからできるようになる

マネリテ

42

引き際を見極めるのが利益を確保する秘訣

投資で利益を確保する最大の秘訣は、欲張らない事です。

ＦＸでは、長くチャートを見ていると、跳ね返りそうなポイントがわかってきます。ざっくり言ってしまえば、ある跳ね返りそうなポイントでエントリーしてポジションを持ったら、次の跳ね返りそうなポイントの手前で利益を確定する。これが、トレードの基本的な手法です。

ところが、エントリーした後、相場が自分の思惑通りに進んで利益（含み益）が出てくると、次の跳ね返るポイントもグングン抜けて、もっと利益が出るかもしれない……、という欲張った気持ちが芽生えてきます。

すると、どうなるかというと、だいたい当初の跳ね返りそうなポイントで相場が反転します。結果、利益が少なくなったり、もっと悪い事には、そこからどんどん逆に動いて、損失が出てしまう事も珍しくありません。

跳ね返りそうなポイントが見えたら、その手前で潔く降りる。その後、利益が出るかどうかは無視する。このメンタルが身に付いてくると、FXで利益を着実に増やしていけるようになります。

この心構えは、実際の商売でも同じだと思います。

2000万円で買収したライブチャットの会社を、私はわずか3年で手放しました。理由は、その事業に大企業が参入してきたからです。せっかく大金を投じて買ったのだからと、しがみつく気持ちや戦う気持ちはまったくありませんでした。今売れば高く売れる。価値があるうちに売る。ここが売り時だと判断しました。

私が会社を買収した頃は、その事業がまだ早い段階、業界そのものが成長途中でした。その後、だんだん大手が入ってくるようになって、価格競争が激しくなってきました。私のように副業でやっている規模の会社が大手に対抗しようとしたら、副業ではできなくなってしまいます。価格競争にも参加し、利益も薄くなって赤字覚悟になってきます。

私自身が前に出て働けば、まだ利益は確保できましたが、それは私の目指しているところとは外れてきます。自分の自由になる時間を拡大しながら、利益も確保するのが会社を買収した目的でしたから、目的とそぐわなくなるなら、さっさと撤退することを決意しました。目的が明確であれば、その目的のためにはどう動くべきか、自ずと答えが出てきます。

銀行と取引していると、信用が大事とよく聞きます。その信用とは何かというと、一般的には、その仕事をどれだけ長く続けているかという継続期間です。確かに、長く続けていて、ずっと安定して儲かっていれば信用になるでしょう。長く続いているから儲かってると思ったら、大間違いです。長く続けている事と、儲けられるかどうかは別問題です。

商売は、長く続けるよりも今の時代に何が求められているのかを知る。つまり、世の中のニーズを察知して、その求められているものを提供したほうが儲けやすくなります。

昔のように、右肩上がりで大きな変化のない世の中なら、長く続ければ儲かったのかもしれません。でも、今はそんな時代ではありません。次から次へと、いろいろなものが流行って、あっと言う間に消えていく世の中です。私が「せっかく始めたんだから」、「儲かっているんだから」とこだわっていたら、最終的には赤字になってダメになっていたでしょう。

赤字にならないうちに売却して、儲けて終わらせておく。その儲かった資金で、次に流行るものをやればいい。

一つの業種にこだわらず、世の中の変化に対応する。業績の上がらない業種にこだわり、借金をして長く続ける事が信用ではないと思います。

「業種は何ですか？」と聞かれた時に、「いろいろやります。その時々で、儲かる業種をやる会社です」と、私は言います。銀行の営業マンは困ったような顔をして苦笑いですが（笑）。こういう感覚が、これからの時代はより一層求められてくると、私は思います。

42
Money Literacy

目的はお金を稼ぐ事。儲からない事業を続ける事ではない

マネリテ

43

自分が儲けたいなら他人も儲けさせる

仕事を発展させて、大きく儲けようと思ったら、1人では限界がありま
す。どこかで他人の手を借りなければならない場面に出くわします。
今、自分が2つの仕事で手一杯ならば、3つ、4つとこなすためには、
他人の手を借りないと物理的に不可能です。
例えば、1人でやれば月に1000万円くらい利益の見込みがあるプロ
ジェクトがあるとします。でも、1人でやると時間も労力もかかるから、
誰か他の人にもお願いする……。
この時に、「できるだけ安く頼める人はいないだろうか……」と考えるの
は、大きく儲けられない人の発想法です。
私なら、一緒に仕事をする相手には成果報酬で、例えば利益の50%を渡
して、そのぶん1500万円、2000万円の利益が出せるように、いい

仕事をしようと考えます。

私に限らず、大きく儲けている人はこういう思考回路を持っています。

仕事のパートナーに「いかに安くお願いするか……」、下請け的なポジションの人を「いかに安く使うか……」。そういう思考回路では、いい仕事ができないリスクのほうが高くなり、結果として、大きく儲ける事も難しくなるでしょう。

重要なのは、「人のやる気」です。誰でも、より多く儲けられたほうが嬉しいでしょう。誰でも、やればやったぶんだけ儲けられたほうが、頑張っていい仕事をしようとするでしょう。

定額や時給、月給ではなく、成果報酬でお願いする事で、一緒に仕事をする人が、自分と同じレベルのモチベーションで頑張ってくれるようになります。

成果報酬という事は、一緒に仕事をする相手も、売上げがゼロなら取り分はゼロになります。しかし、ゼロになるリスクはあるけど、自分も頑張っていい仕事をすれば、定額より儲けられる可能性があります。

頑張って自分も大きく儲けよう。成果報酬でお願いすれば、そういう高いモチベーションで仕事をしている人と組む事ができるというメリットもあります。

定額でお願いすれば、利益が増えたら自分の取り分は増えます。しかし、一緒に仕事をする相手のモチベーションを考えると、単純にそれがいいとは言えません。

やる気満々の１人が月１００万円稼いだとして、定額10万円の人が２人。差し引き儲けは80万円になるよりも、やる気満々の３人が月１００万円ずつ稼いで、３００万円。成果報酬20％として60万円×３人に支払いで１８０万円。残りは３００万円−１８０万円＝１２０万円。みんなの収入が増えて、やる気がさらにＵＰ。好循環が生まれます。

自分と同じくらいやる気満々の人を複数人雇い、売上げ自体をグンと底上げする事を考えましょう。自分が儲けようと思ったら、他人も儲けさせてあげればいいのです。

43

Money Literacy

成果報酬で他人も儲けさせる。売上げ自体を底上げすれば その結果、自分も儲けられる

マネリテ

44

一緒に仕事をする条件は「他人を幸せにしたい」気持ち

私は、自分と同じくらいのモチベーションでお金を稼ぎたいと思っている人となら、一緒に仕事をしようと思います。

ただし、お金を稼ぐモチベーションだけではなく、「他人を幸せにしたい」という気持ちがある人かどうか。その点も重要視しています。

他人を騙してでもお金儲けをしたい。

自分が幸せになるために、他人を騙してでもいいからお金を稼ぎたい。

自分だけが幸せだったら、他人はどうでもいい。

お金を稼ぎたいという目的は一致しても、こういう他人の事を考えていない人とは組みません。結局儲からないし、後々トラブルも発生するなど、いい事はありません。

他人が喜んでくれる事でなければ、誰もお金を払ってはくれません。他人を騙していたら、短期間ではうまくいくかもしれませんが、長くは続かないので、結局、大きく儲ける事もできないのです。

「他人を幸せにしたい」という気持ちが利益につながるという身近な例があります。

ある時、私は2日後にどうしても必要な物があって、必死に探してようやくインターネットで見つけました。

急いでいたので電話で注文すると、通常の購入、発送方法では、届くのが4日後になってしまうと言われました。

その商品は、東京にあるそのショップの店舗でも買える物でしたので、店舗に電話をして代金引換で送ってほしいとお願いしました。しかし、「通販の場合は、現金書留で代金を先に送ってもらってからでなければ発送できない」と言われました。確実に代金を受け取ってからでなければ発送できないというお店の考えは十分理解できましたので、「わかりました。先に代金を支払います。ただ、現金書留では間に合わないので、今からすぐに振り込みます。本日夕方になってもいいので、本日中に発送をお願いできませんか?」と尋ねました。すると、「いや、通販は現金書留と決まっているんです」と。

どうしてもそれがないと困るので、再度頼みました。店長に相談して折り返し電話するとの事でした。そして、回答は現金書留か振り込みか以前に、「セール品は当日発送をしない事になっている」との返事でした。「それならセール価格でなくていいですよ。通常価格なら当日発送できるという事なんですよね? お手数をおかけするので、特急料金1万円を払ってでもいいですからお願いします」と頼みました。また「店長に相談して折り返します」と。

しばらくして電話がかかってきました。今度は、セール品、特急料金の問題ではなく、「やはり、現金書留で送ってもらわないと発送できない」という返事でした。

お金を受け取るのが目的で、現金書留は手段です。その目的は、代金引換であっても振り込みであっても達成できて、しかも振り込みのほうが早いのに、かたくなに「現金書留という決まりなので」と受けてもらえませんでした。

「商品は、今そこにあるんですよね？　今そこに行けば買えるんですか？」

「はい」

　お店で直接買って、その日に宅配便で送れば私の所に翌日に届きます。どうしても必要だったので、電話で対応してくださっている店員さんに「店員さんがそれを買う事は、店の決まりでダメという事はないんですか？」と聞くと、「はい、私が買う事はできます。」と言われたので、店員さんに「あなたが買って、送ってくれないか？」と頼みました。もちろん、今からすぐインターネットバンキングで代金は振り込むし、手数料として1万円も一緒に振り込むと言いました。その商品は高額なものではありません。僅か1000円の物で、商品の10倍の手数料を払う。即ち希望価格の10倍以上で売れるのです。しかも、振り込みが確認できてからでいいという条件で懇願しました。しかし、答えはNO。結局、私は東京に住む知人に電話をして、1万円の手数料を払って買いに行ってもらい、送ってもらいました。そのお店には商品代1000円払って。

この例で1万円稼いだ人と、稼ぎそこなった人、何が違うと思いますか？

1万円とバカにせずに考えて下さい。小さなお金を稼げない人に大きなお金は稼げませんし、この考え方が大きなお金を稼げるか稼げないかに直結するのです。

お金を稼げる人と稼げない人。特別な才能や特別なチャンスではなく、どちらも同じチャンスに出会っているのに、お金儲けのできない人は、それを実行しないだけ。お金儲けのできる人は、それを実行するだけなんです。運とか才能とか言って逃げてる場合じゃないんですよ。やるかやらないか。それだけです。

商売で物を高く売る基本は「欲しい人に欲しい物を売る」事です。欲しい人は、1000円の定価のものが、10倍になってでも欲しいのです。より高く売って、なおかつ感謝され喜ばれる事は商売の目指すところです。行動さえすれば、その商売の大きな目的が達成できるというのに、目先のしょうもない、どうでもいい決まりや慣習、常識にとらわれて、商売の基本も無視、チャンスも無視、一番大事なものを無視して、その店も、その店員も、儲けも、他人を幸せにするチャンスも、すべて逃してしまいました。

目の前に本当に困っている人がいるのに、その人を助けずにルールを優先する。残念ですが、「他人を幸せにする」という気持ちが薄かったのでしょう。

確かに会社のルールはあるかもしれません。世の中にはルールはたくさんあります。しかし、ルールがあるからできない、ではなく、そのルールが正しいのか？と疑う意識を持ちましょう。

そして今そのルールを優先させるべきなのか？

仮にそのルールが正しかったとしても優先させるべきものは何なのか？

自分の頭で考える癖をつけましょう。そうでなければ大事なものを見落とします。

東日本大震災では、全国展開しているチェーン店や会社でも、被災地にあるお店や支社によって対応が分かれたそうです。同じ名前のスーパーやコンビニでも、あるお店では商品を無料で配ったところもあれば、お店を閉めてしまって本部の指示を待っていたところもあったそうです。

本来なら業務以外に使ってはいけない会社の車を、救援物資の配送やケガ人の搬送に使ったところもあれば、会社のルールだからと使わなかったところもあったそうです。商売も、根本には他人を喜ばせたいという気持ち、喜んでもらえて嬉しいという気持ちが必要なのです。その気持ちがあるからこそ、大きなお金につながるのです。

44

Money Literacy

他人を喜ばせたいと思う気持ちがなければ、大きなお金にはつながらない

マネリテ

45

失敗は成功への道しるべ

何が成功で、何が失敗だったかは、人生の最後の瞬間までわかりません。それまでは、すべて途中経過です。

私の人生を振り返ってみても、その時は「失敗だ……」と思った事が、後になって考えてみると、失敗でもなんでもなかった。むしろ、あの失敗だと思っていた事があったから、今の成功がある。あの失敗がなければこの成功はなかった。そんな事ばかりです。

そういう事は、誰の人生にでもあるはずです。もし、失敗しか思い浮かばない人がいても大丈夫です！

今の時点で「失敗だ」と思う事は、ずっと続けていれば、またはやり方を変えてみれば、成功に変わったかもしれないのに、失敗のまま終わらせているから「失敗だ」と思っているだけです。

まだまだ途中経過でしかないのに、自分で終わりにしてしまっているだけなのです。わかりやすく言うと、「諦めてしまっているだけ」なんです。

成功する人は、失敗する人と同じ失敗をしても、そこで諦めるか、その失敗を教訓に諦めずに続けるか？　その違いが大きいのです。

確かに、今の時点では失敗かもしれません。

では、なぜそれを成功に変えようとしないのでしょう。

今は辛いかもしれない。でも、それを二度と繰り返さないように、「いい勉強をした」と考えて次に生かす。そうする事で失敗は成功への道しるべとなります。

オセロゲームを思い出して下さい。

その時は黒になっているかもしれないけど、諦めてしまわなければ、ゲームを続けてさえいれば、いつかどこかで黒を白に反転できるチャンスはあるのです。

仕事でミスをした時、独立して赤字で撤退した時、投資で損失を出した時。

それは、失敗ではありません。

ただの途中経過です。何が成功で何が失敗かは、死ぬ直前までわからないのです。だから、失敗を怖がる必要は、どこにもないのです。

何かチャレンジしたい。転職したい、副業を始めたい、独立したい、新規事業を始めたい。でも、失敗したらどうしよう……。

ほとんどの人が、失敗を怖れてチャレンジしません。

それは、1回失敗した時点で、人生が終わってしまうかのように思い込んでいるからです。そうではなく、その時点での失敗は確かにありますが、それはあくまでも次へのステップです。

失敗を経験すれば、これをやってはけないという事がわかります。言い方を変えれば、失敗を恐れて挑戦しない人は、失敗しないから経験も増えず、成長もしてないのです。失敗するから、二度と同じ過ちを繰り返さないでおこう、次は別の方法でやってみようと考える事ができて、成功へ近付いていくのです。

1回や2回、失敗したっていいじゃないですか。それくらいで人生は終わりません。

むしろ、その失敗は成功という果実を育てる肥料となってくれるのです。

大切なのは、失敗を怖れずにチャレンジし、一度チャレンジしたら成功するまで諦めない事です。

45

Money Literacy

成功した人は失敗しなかった人ではなく、失敗しても諦めなかった人

マネリテ

46

お金儲けは目的ではなくて手段

お金儲けは、目的ではありません。何か他の目的を達成するための手段です。

「仕事や投資はお金を稼いだり儲ける事が目的だ」と言いました。

それは、仕事や投資という行動そのものの小さな目的です。仕事や投資は、確かにお金儲けが目的です。

では、何のために仕事をするのか。何のために投資をするのか。何のためにお金儲けをするのか考えて下さい。

頭の中に思い浮かんだ事、それがあなたの本当の目的です。その目的を達成するために、お金儲けという手段や道具が必要なだけです。

私がお金を必要な理由は……と考えると、頭の中に浮かぶのは、まず「家族と幸せに過ごすため」です。

「家族と幸せに過ごす」。その大きな目的を達成するためにお金が必要だから、仕事や投資をしているのであって、お金儲けが最優先の大きな目的ではありません。

人それぞれいろいろな目的があるかもしれませんが、究極的には「幸せ」のためではないでしょうか。自分の幸せのため、家族の幸せのため、親せきの、友人の、知人の幸せのため……。

今やっている行動の小さな目的はいつも違うけれど、その先にある大きな目的を常に意識して明確にしておくべきです。

そこの目的意識が薄れてしまうと、目的を達成するための手段であるお金儲けが、あたかも最優先の目的であるかのように錯覚し、他人に迷惑をかけてしまったり、他人を騙してでもというよからぬ心が芽生えたりします。そこまでいかなくても、仕事が忙し過ぎて家族と過ごす時間がなくなって、夫婦仲が冷え切ってしまったり、子どもがぐれてしまったり……。

家族と幸せに過ごすために必要なお金なのに、そのお金のために本当の目的が壊れたりしてしまいがちです。

私は、いつも大きな目的は何かを自分に問いかけ、明確にしています。

途中の小さな目的で思考が止まっていませんか？

そこで止まっていたら、その小さな目的は達成できたとしても、幸せにはなれませんよ。

46

Money Literacy

目の前の小さな目的にとらわれず、その先にある大きな目的を常に意識しろ！

マネリテ

47

自分の使命とは何かを意識する

私が生まれた時に、実の母は亡くなりました。

母は、自分の命をかけて私を産んでくれました。私は母の命と引き換えに産まれてきました。

母が命に換えて産んでくれたのだから、母に「産んでよかった」と思ってもらえる生き方がしたい。いつもそう思っています。この気持ちが大前提にあります。

私が生まれた時、一番上の兄は9歳、小学生でした。まだ母が恋しくて恋しくて仕方がない年齢でした。

私がまだ3歳頃の時、兄は私に「お前がお母ちゃんを殺したんじゃぁ。お前なんか生まれてこんかったらよかった！　お母ちゃんを返せー!!」と包丁を突き付けてきた事がありました。

また父が、私が寝ていると思って、祖母に「わしは、増由美（私）が生まれてくるより、増美（母）に生きとってほしかった」と話していました。私は誰にも祝福されず、望まれず生まれてきてしまったんだという事を幼い頃から自覚し、それでもそれを背負って生きるしかなかったのです。

私は、この世に1人でもいい。私が生まれてきてくれてよかったと思ってくれる人を作りたい。誰か1人でもいい、幸せにしたい、と思いました。

そして、いつか、父や兄に「増由美が生まれてきてくれてよかった」と思ってもらいたい。そういう生き方をしたいという気持ちが、私の生きる意味、希望となりました。

最初は、誰か1人でもいいと思っていましたが、友人や知人や私に出会ったすべての人に「この人に会ってよかった」と思ってもらいたい。段々そう思うようになってきました。

今は、私と直接出会っていない、ブログや本を通じて私を知ってくれた人たちにも、「この人を知ってよかった」と思ってもらいたい。そのために私はどうすればいいのか？　これが私の使命です。

お母さんの命を引き継いで生まれてきた私の使命です。

この使命は、突然降って湧いてきたものではありません。幼い頃から、漠然と思っていた気持ちが、段々、強くなってきました。使命を考え出してから、「絶対にやらないといけない」という気持ちが強くなってきました。最初は、自分が後悔しないように、母が後悔しないようにと思っただけでした。その気持ちがどんどん大きくなって広がってきている、そういうイメージです。

自分の使命というのは、それこそ人生をかけたテーマですから、そんなに簡単に見つかるものではないかもしれません。


自分は何で生まれてきたのか？

生まれてこないほうがよかったんじゃないか？

お母さんを犠牲にして、家族を悲しませて、何で生まれてきたのか……。

だったら、生まれてきてくれてよかったと思ってもらえる人間になろう！

そのためには私に出会った事で、少しでもよかったと思ってもらう行動をしよう！

私に出会った人、すべての人に幸せになってもらいたい。その気持ちを持って行動しよう！

それが始まりです。その「思ってもらえる人間になろう」が、「そのために生まれてきたんだ」に変わってきて、これが自分の使命なのかもしれないと意識するようになりました。

私の場合は、こんな感じでした。

自分の使命がわからない人は、今、無理して見つける必要はないと思います。

まずは少しずつ、自分の使命は何かを意識しながら、自分の目の前の事に取り組んでいく。そうしていれば、いつか自分の使命が見つかるのではないかと思います。

47

Money Literacy

なぜ生まれたのか？
自分の使命を
考えながら生きる

マネリテ

48

「人に喜んでもらいたい」気持ちが、お金儲けの原点

自分は望まれて、祝福されて生まれてこなかったという意識が強いので、何かをしてあげて、人に喜んでもらえると、とても嬉しくなります。

私はその感情が人一倍強いのですが、私に限らず、人が喜ぶと自分も嬉しいというのは普通の感情でしょう。

この気持ちが商売の、お金儲けの原点だと思います。

商売のテクニックはいろいろありますが、本当に大切なのは、人が喜ぶと自分も嬉しい、この気持ちだと思います。

商品が売れて、お金が入ってきて嬉しいのはもちろんですが、それ以上に人が喜んでくれるのが嬉しいのです。人の幸せが嬉しいのです。自分の喜びなのです。人に届けてあげたい、喜ばせてあげたいという純粋な気持ちがあって、その結果としてお金が入ってきます。そして、多くの人を喜

ばせる事ができたら、その喜ばせた人の数だけ、感謝の数だけ多くのお金が入ってくるのです。

「人を喜ばせなければならない」ではなく「人を喜ばせたい」、「あの人の笑顔が見たい」。こういう自発的な気持ちです。

「他人を喜ばせなきゃいけない」では、「しなきゃいけないからするか」となってしまいます。「人の笑顔が見たい」、「笑ってくれたら自分が嬉しい」とはまったく違います。

人間は自分のためにはどんな事でも頑張ります。乗り越えて行きます。でも、他人のためだと諦めてしまいます。自発的か義務感か。その原動力の違いは天と地ほどの差があります。お金を稼ぐには他人を喜ばせなければなりません。人が喜ぶ事が自分の喜びとイコールならば、どんなにしんどくても頑張れます。だから成功するのです。

あなたは人の幸せを見たり聞いたりしてどう思いますか？

本音で、自分の心に問い掛けてみて下さい。

もし、「悔しい」、「腹が立つ」、「引きずり降ろしたい」などの感情が浮かんだ人は、考え方を根本的に変えましょう。

人が喜んでいると自分も嬉しい。人が幸せになったら自分も幸せな気分になる。それが私の感情です。幸せな人を見ると、「うらやましい」という感情はあります。それは「憧れ」に似た感情で、「私もそうなるぞ!!」という感情につながります。

もし、人を喜ばせたい、人を幸せにしたいという気持ちが薄い人は、まずは無理にでも自分に課して下さい。最初は身近な人でいいです。家族が喜ぶように、友達が喜ぶように、まずは何かをしてみる。

そうやって無理にでもやってみて、人が喜んでくれてる笑顔を見たら、嬉しいものですから。まずは騙されたと思って、身近な人から喜ばせる行動をとってみましょう。

心の底から湧いてこなくても、まずは実践してみる。続けていれば、段々わかってくるはずです。

48

Money Literacy

まずは無理にでも他人を喜ばせる。続けていれば、その意味がわかる

マネリテ

49

夢や目標も自分に問い掛けて見つける

夢がない……、目標がない……という人が大勢います。

そう言う人たちは、あちこちで「夢を持とう！」、「目標を持とう！」と言われて、自分に無理して夢や目標を持とうとしていませんか？

その結果、何も見つからずに「ない……」という事になっているのではないでしょうか。

私は、夢や目標を無理に作った事は一度もありません。

自然とやりたい事が湧いてくるし、湧いてこなければ、次に何をしたいのか、何をすべきなのか、いつも自分に問い掛けています。

現時点で、それができるかできないかは問題ではありません。自分がしたいと思った夢や目標に対して、恥ずかしがる事もありません。

今の自分にできるかどうかではなく、今の自分が心の底からやりたいかどうか。夢や目標とは、そういうものだと思います。

私の場合は、夢や目標が少しずつ大きくなってきました。まずは、自分が幸せになりたい。次は、家族が幸せに暮らせるようにしたい。次は、周りの人も幸せにしたい……。

そうやって、どんどん夢や目標が大きくなってくると、それを達成するために必要なお金も大きくなっていく。だから頑張ってお金を稼ぐ。お金があればできる可能性が広がります。だからまずお金を稼ぐ。そして、ある程度のお金が貯まったら、具体的にどうするかを考える。

そうやって少しずつステップアップしてきました。

そして今、次に何をしたいか自分に問い掛けたところ、私には次の目標ができました。

自分の生い立ちも関係しているのでしょう。子どもが虐待されているニュースを見聞きすると、胸が張り裂けそうになる痛みで、数日間どんより落ち込みます。

親に虐待されているというのは、生まれてきた事を親に祝福されていないという事です。

私は子どもの頃とても辛かった。でも、大切に育ててもらった。私なんかよりもっともっと辛い思いをしている子どもがいる。そういう子どもたちを、1人でも幸せにしたい。

虐待を受けている子どもたちを引き取って育てるための、大きな家を作りたい。施設ではなく大きな家、家族です。これが次の私の目標です。

子どもを捨ててはいけないという常識がありますが、虐待するくらいならどんどん捨ててもらって結構。私が全員引き取って、自分の子どもとして面倒をみたいのです。

施設ではなく大きな家で、私の子どもとして、家族の一員として、育てたいのです。

最初は、5、6人しか引き受けられないかもしれないけど、まずはそこから始めて。どこまで大きくできるかわからないけど、自分が生きている間に、できるだけ多くの虐待されている子どもたちを引き取りたいのです。

お金だけの問題ではなく、法律の問題もあり、できるのかできないのか、具体的な方法は、まだ何もわかりません。

でも、私はそういう夢を持っています。

本当なら国、行政にやってほしい事です。

でも、私が政治家になって国を動かすより、自分がお金を稼いで、まずは1人でも2人でも虐待されている子どもたちを救っていくほうが、即効性があるし現実的です。

そのためには、とてつもないお金が必要でしょう。

じゃあ、それを稼ごう！　これが、今の私のやる気の源です。

だから、自分が頑張れるのかなとも思います。

自分のためだけに稼げるお金は、やはり少ないままで終わってしまいます。いつまでも自分のためだけでは、それだけしかお金は入ってこないし、それだけしか頑張ろうとしないでしょう。

最初は、もちろん自分のためです。でも、そこがある程度満たされて、自分は不自由しないくらい稼げる、幸せに生活できるようになったら、自分以外の人に幸せになってもらう。そういう目標ができると、さらに頑張りたいという気持ちが湧いて、大きなパワーの源になるのです。

49

Money Literacy

大きな目標ができると、それが大きなパワーの源になり、大きなお金を稼げるようになる

マネリテ

50

すべてのヒントは日常生活の中に

家を建てている時、日本で売っている家具や食器などで欲しい物がありませんでした。そこで、私は自分でいろいろ調べて、お金も手間も掛けて、苦労して海外から取り寄せました。

海外にもなければ、自分でデザインして作ってもらった物もあります。

今の私の家には、私が心から欲しいと思った家具や食器が並んでいます。

それと同時に、ふと思いました。

「これ、他にも欲しい人がいるんじゃないかな?」

そこからリサーチを初めて、準備をして、2012年の夏にセレクトショップ『Ｂｅｌｌｅ』(http://www.mayuhime-select.com/)をオープンしました。Ｂｅｌｌｅとはフランス語で美しいという意味があります。おかげ様で、出だしは好調。よく売れています。

この話を聞いて、どう思いますか？

私がやった事をよくよく考えてみて下さい。

何か難しい事をしていますか？

何か特別な事をしていますか？

何か新しいアイデアを思い付いていますか？

すべて、ＮＯです。

私がした事は、自分が買った物を売っているだけです。買う側から売る側に立場を変えただけです。

欲しい物が手に入った、嬉しい、満足で、終わってしまったら普通の消費者です。そうではなくて、自分が欲しいなら他にも欲しい人がいるかもしれない。しかも、それを自分が苦労して手に入れたんだから、みんなも苦労するか、諦めて手に入れられないかもしれない。ならば、それを提供すれば喜んでもらえる。

私が考えた事、考えた結果やった事は、これだけです。

行動さえすれば、誰にでもできる事です。

だから、お金儲けは決して難しい事ではありません。もちろん努力は必要ですが、それ以前に大切なのは、いかにチャンスを見つけて実際に行動に移すかどうか、そこなのです。チャンスを見つける一つのコツは、前述したように、反対の立場になって考える癖を付ける事です。

常日頃から、アンテナを張り巡らせていれば、あなたの身のまわりにも、チャンスはいくらでも転がっているのです。

50

Money Literacy

お金儲けは チャンスを見つけて 行動に移すだけ!

マネリテ

第5章

お金を稼げる人のメンタリティ

51

お金持ちになる前から自信を持つ！

お金持ちになる人は、みんな自分に凄い自信を持っています。それを「偉そう」と勘違いされやすいのですが、そうではありません。

お金持ちは、お金持ちになったから威張っていたり、偉そうにしているのではありません。お金持ちになる前から自信があって、威張っているように見えたり、偉そうに見えたりしているだけです。

データ入力の仕事や、高級クラブのエピソードでもお話ししましたが、世の中では「キレイですね」と言われて「いえいえ」と否定するような、謙虚である事が良いとされている風潮がありますが、それも常識のウソ、キレイ事のウソです。

すでにお金持ちになっている人や、これからお金持ちになる人に、そういう人はいません。

私は、まだお金持ちになる前でも、他人から褒められたら「ありがとうございます」と言ってました。親しい友達やお客さんに「キレイね」と言われたら、「そうでしょ」と答えていました(笑)。

相手がキレイだと思って言ってくれてるのだから、「キレイですね」と言われたら「ありがとうございます」でいいのです。それを「いえいえ私なんか……」と答える人は、自分で自分を落としています。他人から見ても「何だ、違うのか」と、評価がちょっと落ちます。

仕事も同じです。「君は優秀だな」と褒められたら、私は「ありがとうございます。でも、私はもっともっとできますよ。このくらいでよければ朝飯前。いつでも声を掛けて下さい!」と答えています。

同じように「君は優秀だな」と褒められてるのに、「いえいえそんな事はありません。私なんて全然ダメです、まだまだです……」などと、答えたらどうでしょう?

謙遜しているのはわかっていても、お金持ちが仕事を頼んだり、仕事のパートナーとして選ぶのはどちらでしょうか?

謙虚さと自分を落とすのは違います。

威張っているのと、自分に自信があるのも違います。

お金を持っている人、これから稼ぐようになる人は、その違いがわかっています。自分を落とす必要なんて、どこにもありません。落として得する事は何もありません。自分が頑張って努力していて自信があるのなら、堂々と振る舞っていればいいのです。

お金持ちになる人は、「自分は物凄く偉いんだ！」、「周りの人より優れているんだ！」という意識を持っています。それを周りの人たちは「何を偉そうに……」と反感を持つけど、そうではなくて「私が特別なんじゃない。みんなそうしようよ！」という意識があっての事なのです。

みんな、何も変わらない同じ人間です。同じ国に住んで、ほとんど同じ物を食べている人たちです。そこで差が開くのは、やるかやらないかだけの違いです。それをやらないから自信を持てないだけです。やって自信をつけて、褒められた時に胸を張って「まだまだできますよ。こんなの当然です。ありがとうございます！」と言えるような人間になりましょうよ。

51

Money Literacy

自信が持てるまで努力し、頑張る。だから自分に自信が持てる

マネリテ

仕事ができる人、何をやっても成功する人、お金を稼げる人は、そういうメンタリティの持ち主です。自分の能力を知っている。その能力のほとんどが、自分の努力で成り立っているのを知っている。だから自信が持てる。

逆に、自信がないという人は、自信が持てるまでやっていない、努力していない。だったら、自信が持てるまで頑張ればいい。それだけの違いなのです。

52

世界の一流ブランドを持って、自分も世界の一流になる努力をする

お金持ちは、世間一般の基準からすると、みんな「ひと癖」ある人たちばかりです。例えば、ゴルフをこれから始めようとして道具を選ぶ時、あなたならどういう基準で選びますか？　私は初心者用の上達しやすいクラブのセットを選びました。友人は、仕事をしなくてもいいくらいのお金持ちで、上級者用のセットを選びました。その時のやり取りです。

友人「他人が見て、プロっぽく見えるのはどれ？」
店員「これですが、初心者が使うのは難しいですよ」
友人「どうせみんな最後はココにたどり着くんでしょ。じゃあこれにする！」

友人の意図は、自分の価値を知っているので、他人からそれ以下に見られたくない。当然、最初はそこまでのレベルじゃないけど、後々自分がそのレベルまで必ず行くから、それに見合った物を買う。そういう思考回路なのです。

ブランド物を持っている人を批判するのに、「身の丈に合った物を」、「背伸びして高価な物を持つ必要はない」などと、よく言います。確かに、背伸びして持ったとしても、それに自分が追い付こうとしなければ無意味です。

でも、まず背伸びしてもいいから持つ。そして、それが似合うレベルまで自分を引き上げるんだという強い意志があれば、背伸びしてでもいい物を持ったほうがいい。いえ、背伸びして高い物を持てば、自然とそういう気が起きるものです。もし起きなければ、考え方を改めなければなりません。

私はというと、3万9000円のスターターセットがあったのですが、そういう安い物は絶対に買いません。私が買ったのは、初心者向けでもフルセットで40万円程度するブランド物です。なぜ安いクラブがダメかというと、「道具が悪いから」という言い訳ができてしまうからです。

初心者向けでも最上級の物を買えば、うまく打てなかった時の言い訳ができなくなります。つまり、いい物を買って何かを始めると、道具のせいにできないので、すべて自分のせいだと受け入れられるようになります。

人間は弱い部分があるから、都合の悪い事があった時、自分以外の他の何か、他の誰かのせいにしたくなります。でも、原因はすべて自分にあるというのを意識しないと、何事もうまくいきません。自分に逃げ道を作らないために、言い訳をできなくするためにも、まずはいい物を揃えるのです。

洋服もそう。2万円のスーツが太って着れなくなったら、今の体型にあった新しい、しかも安い物を買おうとしてしまいます。でも、50万円のスーツが着れなくなったら、ダイエットに励んで、また着れるようにしようとするでしょう。どちらが自分のためになるかは、言うまでもありません。

「ブランド物を持っている人は、自分に自信がない」などと言われますが、それは持った事がない人、持てない人が自分を慰めるための妬みやひがみです。そもそもの考える方向性が大きくずれています。

いい物はやっぱりいい。それだけの価値があるのならば、誰が何と言おうと持つべきなのです。そこで考えるのは、自分がそのブランドを持って、堂々とできるかどうか、似合っているかどうかです。

堂々とできなければ、自分がそこに追い付いていない、ブランドに負けている。そうしたら、ブランドが似合うように努力しないといけない。それは、世界の一流ブランドに自分を合わせようとする努力ですから、自分自身を世界の一流レベルに向上させようとしているのと、同じなのです。

52

Money Literacy

一流の物を身に付けて、自分も一流になる努力を惜しまない

マネリテ

53

お金持ちになるために、自己中心的少数派になる！

自己中心的な考え方も、世間では悪いと言われています。でも、ビジネスで成功したり、お金持ちになるためには、むしろ自己中心的でないとダメです。自己中心的である事が、成功するための素養の一つです。

自己中心的な人は、協調性がないとも言われます。しかし、協調性というのは、多くの人の意見に同調するのがよくて、違う意見を言っている人が悪いという事です。

協調性が尊重されるという事は、多くの人が他人がどう思っているのか、どちらが多いのかを常に気にして、多数派の意見に従う事をよしとしています。そこには、どちらの意見が正しいかという本質や、自分はどちらを選ぶのかという個人の判断が抜け落ちています。

世の中は、多いほうが正しくて少ないほうが間違っているわけではありません。特にビジネスや投資では、多数派が間違っていて少数派が正しい事が多々あります。

これは父が教えてくれた事です。「他人の意見はどうでもいい。周りに自分がどう思われようと気にするな。こんなふうに思われるんじゃないかとか、そんなのは一切気にするな。そんなのは何の役にも立たない」と。

世の中で富裕層と呼ばれる人たちは、1割もいないそうです。つまり、世の中の9割の人たちが中流か貧困層です。お金持ちは少数派で、それ以外の人たちが多数派なのです。それなのに、周りの目を気にして、自分と同じ意見が多いか少ないかを気にして、遠慮して遠慮して、自分の意見より多数派の意見のほうが正しいんだろうなと、そっちに従っていく。

こんな思考回路で、9割の大多数の人と同じ考え方をしていたら、同じように中流、もしくは貧困層にしかなれないのは、当たり前でしょう。

1割に入ろうと思ったら、9割の人と違う意見を持つ。いわゆる「自己中心的」にならなければいけないのです。よくよく考えてみて下さい。あなたの周りにいる自己中心的な人が、他人に何か迷惑をかけていますか？

53

Money Literacy

お金持ちが自己中心的なのは当たり前。和を乱す事を怖れない

マネリテ

集団の和を乱す事が、本当に迷惑な事ですか？　そういう人は、放っておけばいいいだけじゃありませんか？　そして、そういう自己中心的な人のほうが、何かとうまくいってたりしていませんか？

自己中心的な人は、違う意見を言って、違う行動をしているだけです。誰に迷惑を掛けているわけでもありません。自己中心的になるのに、ためらわなくていいのです。

54

相談する相手を間違えると問題は解決しない

お金持ちになるためには、人付き合いも重要です。「できない」、「無理」といった否定的な事をすぐに言う人とは、付き合わないか、なるべく遠ざけしょう。

そういう人と付き合っていると、負の連鎖に巻き込まれます。人間は弱い生き物ですから、どうしてもマイナスの方向に流されがちです。お金持ちになれない人の話は、噂話、悪口、大変な事や苦労自慢ばかりで、発展的な話題はあまりありません。そんな話をしていても、自分が成長しないし、お金も生みません。

一方、すでにお金持ちになっている人や、今は持っていなくてもこれからお金持ちになる人とは、前向きの話にしかなりません。

付き合う人を選ぶのと同じように、相談する相手も選びます。仕事であれば、私は基本的に自分がしたいとか、自分が欲しい、あったら便利だと思う物やサービスは、他の人も欲しいと思うだろう……、という考え方で、ビジネスのチャンスを見つけています。

ただ、自分ではイマイチだなあと思っても、自分と同じくらいか、自分よりお金持ちの人が言う話には乗ってみます。ただし、明らかに自分より儲けていない、お金がない人、失敗している人の言う事は聞きません。

実際にお金を持っている人は、お金を増やす事に関しては成功しています。自分よりお金を持っているのなら、自分がまだ知らない稼ぎ方を知っているのです。そういう人の意見は、自分の考えとは違っていても、聞き入れて従ってみます。

素直な人はお金持ちになれるし、成功すると思います。だからといって誰の言う事でも素直に聞いてればいいという事ではありません。

失敗している人のアドバイスからは、「こうしたら失敗するからしないほうがいい」という教訓は学べるかもしれませんが、どうすれば成功するかは学べません。

失敗した人は、何かチャレンジした事があるという点では、まだマシです。

もっと気を付けないといけないのが、自分の目標や、やりたい事を経験していない人、達成していない人です。そういう人のアドバイスは「無理だ」、「やめたほうがいい」「失敗する」という否定的な発言に偏りがちです。自分がやってないのだから、無理もない話です。

「キャッシュで数億円の家を買うにはどうすればいいですか?」と相談されたら、私なら実際に自分が経験した事なので、いろいろアドバイスできます。でも、キャッシュで買った事がない人に相談したら「無理だ」と言われるか、笑われるか、「ローンにしろ」と言われるか。いずれにせよ、自分のためになるアドバイスは聞けないでしょう。自分が何か目標を立てたり、やりたい事を見つけたら、アドバイスを求める相手はくれぐれも注意して選びましょう。

54

Money Literacy

成功している人からは成功する方法が、失敗している人からは失敗する方法が学べる

マネリテ

55

お金持ちがいそうな場所に行く努力をする

もし周りにアドバイスを求められるようなお金持ちがいなければ、そういう人がいる場に行く努力をしましょう。当然お金はかかりますが、そういうのは「生きたお金」です。

お金は、「生活のため」、「自分を磨くため」、「貯蓄・投資のため」に分けて考えます。自分を磨くためのお金は、いい服を着たりいい物を持つのもそうですし、自分を楽しませる、やる気を起こさせるために使うお金です。

そういうお金の中から、お金持ちがする事をやってみるのです。例えば、クラシックのコンサートに行くとか、ゴルフをするとか、パーティに出るとか、高級レストランで食事をするとか。こういう場所で出会う人たちは、お金持ちである可能性が高いはずです。

まずは、そういう場所に行く事で、普段通りの生活では出会えない人たちと知り合うチャンスが出てきます。

周りにいないからと言って、諦めたらダメです。

ただ、その場所に行くだけでもダメです。

偶然の出会いだけを求めていても、いつの話になるかわかりません。お金持ちがいそうな場に行って、「この人は！」と思った相手には、自分からアプローチして、親しい関係になるための努力をしましょう。

これはインターネットの中でも同じです。

ブログやツイッターやフェイスブックなど、普段会えない人とつながるチャンスはいくらでもあります。返事が返ってくるかどうかは期待せずに、まずは親しくなりたい気持ちを訴えるコメントを書いてみる。メールを送ってみるのです。

それで、今すぐには意中の人とコンタクトをとれなくても、日頃からそういう気持ちで生活していると、どこかで誰かとつながるチャンスに巡り合えます。

何の努力もしなければ、周りに成功している人は見つからないし「お金持ちなんていないよね」で終わってしまいます。

誰か知り合いがお金持ちに出会ったと聞いたら「次に会う時は私も連れてって」とお願いしてみるのもいいでしょう。会う理由や、何をしゃべろうかなんて考えなくてもいいのです。

「ただあなたに会いたい！」。理由なんて、それだけで十分です。

55

Money Literacy

お金持ちがやっている事を自分もやり、お金持ちに近付く事を心掛ける

マネリテ

56

「人は見た目じゃない」は常識のウソ

常識では「人は見た目じゃない、見た目で判断してはいけない」とよく言われますが、世の中のほとんどの人が、人を見かけで判断しています。

これが、常識のウソ、物事の本質です。私が小さい頃に差別されたのと同じ。いい悪いの問題ではありません。そういう現実があるのです。

私が安い服を着て、髪の毛もボサボサ、ほとんど化粧もせずにデパートに行くと、それなりの扱いしかされません。

ところが、キレイな服を着て、いい物を持って、髪も化粧もキレイにして行くと、店員さんが眼の色を変えて寄ってきて、あれやこれやとすすめてきます。態度も言葉遣いも、まったく違います。

「人は見た目じゃないんだから、そんなの間違ってる!」と、常識にそった考え方をしたところで、本質は見た目で判断されているのですから、自分一人で突っ張ったところで、何の意味もありません。常識にそうのではなく、本質にそえばいいのです。

大多数の人が見た目で判断しているのだから、それなりの物を持って、それなりの服を着ていると、それなりの扱いを受けて、それなりの人に出会えます。

人間は誰でも、自分たちと同じレベルの人と話がしたいと、心のどこかで思っています。生活レベルが低い人は低い人たちと、高い人は高い人たちでコミュニティを作ります。

だから、自分もお金持ちになりたい、お金持ちの人と仲良くなって話を聞きたいと思ったら、いい物を持って、いい服を着て、いつでも仲良くなれるように準備しておかないといけないのです。

これに限らず、世の中で言われている「常識」という名のキレイ事は、基本的に疑ってかかるべきです。

常識というのは「本当はそうではないから、そうあるべき」という理想論です。そこに賛同、同調していると、物事の本質がまったく見えなくなってしまいます。

56

Money Literacy

周りが言う常識はウソ。常識に隠れた物事の本質を見抜く事

マネリテ

57

お金持ちになるために必要な直感力を鍛える

お金持ちになる人は、直感力も優れています。仕事は人とのつながりから発展していくので、人に対して直感が働くかどうかは、成功するか否かをかなり左右します。

また、お金持ちになってからは、怪しい話や危ない話もいろいろ持ち込まれます。これを直感で見分けられないと、お金持ちだったのに一気に破産したり、犯罪に巻き込まれてしまいます。

では、その直感力とは、どうすれば身に付くのか。直感と言うと、どこか超能力のようなイメージがありますが、私は経験の積み重ねの末に磨かれるものだと思っています。

例えば、ＦＸではチャートを見てトレードします。このチャートは、長く見て経験を積んでくると、いろいろなチャートのパターンや相場の癖を見ているので、「あ、これね！」と、パッと閃くことがあります。こういう時は、あれこれ分析しなくても、直感的にサッとエントリーできます。

そうなるためには、何も考えずにボッーと見ていたらダメ。「こうなったら次はどうなるんだろう……」と考えながら、いつもチャートを見るのです。これは日常生活も同じです。何も考えずに人と会って話しをして、一日が過ぎてしまっていたら、人に対する直感は養われません。

人と会って話をする時は、この人はどういう意味で今の言葉を言ったのか、その裏にはどういう意図が隠されているのかを常に考える。そして、その後の行動を見て、以前の発言と比較すれば、その人を分析・判断することができます。

これをいつも繰り返していれば、人の発言を聞いて「何となく変だな……」という直感が働くようになってきます。

もちろん、私も最初から直感が働いたわけではありません。何度も騙された経験があります。でも、それで「もう人と会わない」とか「人と深く接しない」とすねていたら、何の発展も成長もありません。そうではなく、それでも次に人と会う時は、なぜそう言うのか、その先には何があるのかを考えながら、人と話をしていきます。

その経験が長年積み重なると、直感の源になるデータベースが構築されます。このデータベースが分厚くなればなるほど、直感力も鋭くなってくるのです。

57

Money Literacy

経験を積み重ねると直感力も鋭くなる。そうすれば、さらにお金を稼げる

マネリテ

58

お金持ちになるための「運」は、自分で掴み取るもの

お金持ちになるためには運も必要です。私は、占いや風水には興味がありませんが、運を良くするために、お金を大事にする、人の悪口を言わない、自分がなりたい人を尊敬する、自分に頼ってきた人や動物は、自分ができる範囲で助ける……という事は、普段から心掛けています。

今までの人生を振り返ると、運に助けられている部分は少なくありません。逆に、運が悪かった経験は、あまり思い当たりません。というより、運が悪かったで終わらせずに、いい方向に変えていこうとする。そして、結果的にいい状態にして終わらせています。だから、運が悪かった事が思い当たらないのです。

「運が悪かった……」のままで終わらせるか否かは、結局自分次第なのです。何か運が悪い出来事があったら、それは自分のやりようによって、何

かを変えたり、成長するチャンスにもなります。普段から、そういう心掛けでいれば、その時は辛いし悔しいと思っても、後々考えれば「あれがあったから頑張れたんだよね」という結果に変えられます。

例えば、私がFXを始めた時、あっと言う間に100万円負けました。お金持ちになれない思考回路では、「運が悪かった」、「諦めよう」、「もうやめよう」という事になるのでしょう。でも、今の私は「あの負けがあったおかげで、そこから必死で勉強して勝てるようになったんだ。あの負けは運が良かったんだ」と心の底から思っています。

もう一つは、私がゴルフを始めた頃の話です。コースに出たら、本来なら2時間15分以内でまわらないといけないのに、初心者なので2時間半くらいかかってしまいました。

後日、予約の電話を入れたら「前回、時間オーバーされたので、これが続くと予約は受け付けられません」と言われました。

この時は、ハラワタが煮えくり返るくらい悔しかったです。でも、ここで「客に対して、そんな感じの悪い事を言うところにはもう行かない！」、

「あそこのゴルフ場はムカつく、そんなところに行って運が悪かった……」で終わらせたら、本当に終わってしまいます。何もいい事はありません。

私は腹が立ったけど「あの受付スタッフを見返してやる！」と奮起して、猛練習しました。その結果、次に行った時には2時間を切ってまわれて、担当者も目を丸くして驚いていました。

嫌な事を言われたけど、そこで不貞腐れたりせずに頑張ったので、ゴルフもかなり上達して、最終的には物事がいい方向に進んでいます。

今は、あの時あの担当者が、私の腹が立つ事を言ってくれたから、上達が早くなったと思えます。

同じ出来事でも、運が良かったと言えるところまで持っていく人と、運が悪かったと自分の運のなさを嘆く人と……。あなたはどちらになりたいですか？　どちらになれるかは、運ではなく自分次第なのです。

運が悪いと言っている人は「あの時ああすれば」、「あの時あれがこうだったら」と、もうどうにもならない事を、いつまでもグジグジ言っています。そうではなくて、悪い事が起こった時に、自分が道を切り開くかどうかが問題なのです。

また、お金持ちになれる人、何をやっても成功する人は、「運が悪い時には自分が切り開いていく。運が良かった時は、自分の努力に加えて、誰かの助けがあるから感謝する」という考え方をしています。

逆に、お金持ちになれない人、何をやっても失敗する人は、「悪い時は人のせい、会社のせい、政治のせい、奥さんのせい、親のせい……。いい時は、自分の力だけ」と、考えている節があります。

今の自分がどちらの考え方に傾いているか。今後、自分がどうなりたいか。改めて、自分の胸に問い掛けてみて下さい。運は、自分が切り開くものなのです。

58

Money Literacy

お金持ちになるために必要な運は、自分の力で切り開く

マネリテ

59

人は、心の中で思い描いている自分になる

独立しないで不平不満ばかり言ってるサラリーマンは、失敗してゼロになるかもしれないと「信じて」いるから、独立しないし、お金持ちにもなれません。

大事なのは、自分が絶対に成果報酬の数百万円、数千万円を稼げる人間だと信じる事。それだけの価値が自分にはあると、心の底から信じる事です。

私は、成果報酬で月に1000万円稼げる人間なんだ！　だからやるんだ！

そうやって、自分を信じれば、信じた自分になろうとする行動をします。

逆に固定給を求めるメンタリティは、自分が成功するのを信じられない、言い換えれば、自分が失敗するのを信じている（意識的にも無意識にも）メ

ンタリティなので、何をやっても成功しない可能性が高くなります。

もちろん、怪しい教祖様のように、信じるだけで勝手に成功するとは言いません。ただ、最初に自分を信じないと、その後の行動もついてきません。そして、ひとたび自分を信じたら、それを実現させる行動を必死に寝ずにでもやるのです。

大きなお金を手にする、お金持ちになるというのは、自分はできるんだという「信じる力」と、それを実現させるための「行動する力」が合わさった先にある結果なのです。

ラウンジでカクテルを飲んでいました。向かいの席にいる素敵な男性が、自分をジーッと見ています。そこで、どう考えるか。

パターン①

「私は美しいから、世の中の男性は私が声を掛ければイチコロよ。あの男性も、私の美しさに見惚れて話がしたいんだわ」

パターン②

「あの男性、なんで私をジーッと見てるんだろう……。私、なんか変なところあるかしら。こんなとこ来るなと思われてるのかしら……。もしかして食べかすが口の周りについてる!?　どうしよう、恥ずかしい……」

パターン①の「私」がとる行動は、素敵な男性の目を見てニッコリと微笑み、男性が話し掛けてくるのを待ちます。もしくは、男性のほうへ歩いて行って「一緒に飲みませんか？」と誘います。

パターン②の「私」がとる行動は、素敵な男性を見ることもできず、そそくさと化粧室に駆け込み、自分の姿や口の周りをチェックして、恥ずかしさいっぱいでお店を出ていきます。

周りの環境は、すべて同じです。違うのは「私自身の勝手な思い込み」だけです。たったそれだけで、その後の結果が違ってくる。だったら、自分の得になる方向に、手に入れたい結果が得られる方向に思い込めばいいのです。

それが、「人は、心の中で思い描いている自分になる」という事です。お金持ちになりたいなら、「自分はお金持ちになる資格がある!」、「自分は大きなお金を手に入れる価値のある人間だ!」と、固く決意して思い込みましょう。まずは、そこからです。

59

Money Literacy

できないのは、自分の勝手な思い込みだと気付く

マネリテ

60

自分を自慢できるような人間になりましょう！

ＦＸでよく「自信がない」という人がいます。ここは売りなんだろうと思っても、自信がなくて売れない。買いだと思っても、自信がなくてエントリーできない。

自信が持てるようになるには、そのパターンを何回も見て、何回も経験して、失敗もして……。このパターンの時は、ほぼこうなるというのを体験しないと、自信を持ってエントリーできるようにはなれません。

長い期間の物凄い努力があって、初めて自分に自信が持てるようになる。それは、ＦＸも人生も同じでしょう。

今、お金持ちになっている人は、ある時期、物凄い努力をした土台があります。お金持ちになれない人は、そこを見ていません。その努力の土台を見ずに「あいつはお金を持っているから威張っている、偉そうにしている」と批判します。

そうではありません。お金持ちだから威張っているのではなく、自分の物凄い努力があったからお金持ちになれた。その努力に対して、自信を持って堂々としているだけなのです。その姿勢が、そこまで努力していない（＝そこまで成功していない）人からすると、威張っているように見えるのです。

また、お金持ちになれない人は、お金持ちがお金を持っていない時期を見ていないから、「お金を持っているから威張っている」と非難しますが、それも間違いです。

お金持ちになる人は、お金を持っていない頃から威張っています（笑）。なぜなら、今は持っていなくても、そのうち持てるようになる。それくらいの努力をしている。その努力に自信を持っているから、今はお金を持っていなくても、堂々とできるのです。

お金持ち同士の会話は、お金持ちになれない人が聞けば、自慢話だらけに聞こえるはずです。私の周りでも「俺が凄い」、「いやいや私が凄い」と競い合っています。だから、付き合っている人たちみんなで高め合う事ができるのです。

「私なんて……」、「いえいえ私ごときが……」と、どんどん下げ合っている人たちとは、真逆の方向性です。

結局、みんな自慢できるだけ頑張っているし、努力しているのです。もうこれ以上は物理的に絶対に無理。そういうレベルまで自分を追い込んでいるから、堂々と自分のやっている事を誇れるのです。

自慢は悪い事、恥ずかしい事のように言われていますが、その考え方も間違っています。どれだけ自慢できる事があるのか。それが自分の価値につながるのではないでしょうか。

そういう自慢できる事のない人たちが、自慢できる人を「嫌な奴だ」と言っているだけです。そうではなく、あなたも自慢できる何かを持ちましょうよ！

「自慢できる事がない」というのは、自慢できるまでやってないだけ。

「自信がない」というのは、自信が持てるまでやってないだけ。

お金持ちになれる人と、なれない人の違いは、ただそれだけだと私は思います。

私が極貧生活をしていた時や、仕事でつまづいて苦しんで泣いていた時、いつも上杉鷹山の、あの有名な言葉を何度も噛みしめて踏ん張りました。

為せば成る　為さねば成らぬ　何事も
成らぬは人の　為さぬなりけり

「為せば」は、人の意志を持った行動で、「成る」が結果として得られる状態です。願いの成就は、願えば勝手に訪れてくれるものではなく、自らの力で作り上げるものです。

思い通りの結果が得られていないのは、自分自身が実現に向けた努力をしていないか、足りないからだ。そうやって、自分の努力不足を認めて頑張るのです。

お金持ちになるための考え方や習慣というのは、どこか1点を修正すればいいというものではなく、すべての考え方がつながっています。どこかがOKでも、どこかがダメならゼロになってしまいます。そういう意味では、足し算ではなく掛け算なのです。

だから、お金持ちになるためのマネーリテラシーを身に付けたいと思うのであれば、この本に書いてある事すべてを、1つずつクリアするように心掛けて下さい。

当然、ある程度の時間はかかるでしょう。でも、この本はゲームの攻略本のようなものです。ある程度の基本がわかったところから、お金持ちを目指すのなら、私が20数年かかったところを10年、ひょっとしたら5、6年に短縮できるかもしれません。

結果を急ぎ過ぎてはダメです。働いたらすぐに給料になるのは、サラリーマン感覚です。マネリテに取り組んで、目先は何も変わっていないように見えるかもしれません。1か月で劇的な変化が表れるわけでもありません。でも、その積み重ねで、1年後、2年後、3年後、10年後が大きく変わっているはずです。

この本では、キツイ事もいろいろ言ってきましたが、最後まで読んでくれたあなたは、耳の痛い事を受け入れてでも、お金持ちになりたいという向上心がある人です。

ぜひ、これから頑張って努力して、自慢できる人になって下さい。そして、「私はこれだけやったんだ!!」と自慢できる事ができたら、遠慮せずに私のブログに自慢のコメントを書いて下さい。

Ｍａｙｕｈｉｍｅブログのコメント欄が、みなさんの自慢話で埋め尽くされる――。そんな日が来る事を、待ち望んでいます!

60

Money Literacy

結果を急ぎ過ぎない。マネリテに取り組めば数年後が必ず変わる!

マネリテ

エピローグ

私が資産10億円になれた理由

最初は自分が「幸せになりたい」という想い。

次に、「家族を幸せにしたい」という想い。次は、親せき・友人・知人……、「私にかかわるすべての人を幸せにしたい」という想い。

そして、自分は会った事がないけど、自分を知っている人を……、自分の事さえ知らないけど、顔さえ知らない誰かを……、「一人でも多くの人を幸せにしたい」という想い。

そういう想いが次々と湧き出てくるのです。

「幸せの輪を広げたい」その想いが私のエネルギーとなっています。

今、私は、FXや株はもちろん、東日本大震災の復興にかかわる研究をしている会社に投資しています。また、不動産投資も進めています。また、これまでの事業やFXなどの投資で稼いだ資金を元手に、様々な事業や投資を進めています。

同時に進めている事業の一部を紹介すると、雑貨店や飲食店、教育事業、高齢者向けサービスなどです。

雑貨店は、私が苦労して手に入れた物を、もっと簡単に手に入れてもらいたい。飲食店は、地方のおいしい物を各地の人に食べてもらいたい。教育事業は、子どもたちに「生きる力」を身に付けてもらいたい。高齢者向けサービスは、お年寄りに楽しく毎日を過ごしてもらいたい……。

すべて、「こういうものがあれば、みんなが喜んでくれるのではないか」という想いが発端になっています。

こういう話をすると、「投資で儲けているのに、なぜ他のお金儲けをするのか。する必要がないじゃないか」と言われる事がよくあります。投資は100%ではありませんし、1つの事に頼り切るのはリスクが高いです。

たった1人を幸せにするだけだったら、数百万円もあればいいでしょう。私も、自分1人で生活するなら年収500万円もあれば十分です。

しかし、もっと多くの人を幸せにしてあげたいという気持ちが湧いてくる。だったらもっと稼がなければ。いい悪いは別として、現実問題として、何をするにもお金は必要なのです。

多くの人を幸せにしたいと思ったら、より多くのお金が必要です。もっとたくさんの人を幸せにしたい！　その気持ちが私の原動力となっています。

家族だけを幸せにすればいいのなら、そんなにしんどい思いをして仕事をする必要もありません。多くの人を幸せにしてあげたい。そういう気持ちがなければ、自分の家族だけが幸せでよければ、月に50万円、１００万円稼げたら、それ以上増やす必要がなくなります。

だから、やろうともしないし、やる気も起きないのです。

他人を幸せにしたいという気持ちが大事。正直言うと、私も昔はわかりませんでした。でも、自分がある程度のお金を稼げるようになってわかりました。

自分や家族が満たされてくると、次はあの人も、次はあの人も……という気持ちが自然と湧いてきました。そう思うから、どんどん目指す金額が増えてきました。

その気持ちが、やる気と行動につながって、結果的に稼げるようになるのです。お金を稼ぐための目的が大きくなるから、結果として稼ぐ金額も大きくなるのです。

だからといって、今、自分が満足していない人、幸せだと心から思えない人に対して、「多くの人を幸せにしなさい！」と言うつもりはありません。

他人を幸せにしたいというのは、心の底から自然に湧いてくる気持ちです。他人から言われて、無理に思うようなものではありません。

私も最初は「自分が大変なのに、他人の事なんてかまってられるわけないじゃない……」と、昔は思っていました。

でも、自分がある程度のお金を稼げるようになって、自分も家族も幸せになった時、心の底から幸せだと思えるようになった時、「自分の周りの人も幸せにしたいな」という気持ちが湧き出てきたのです。

だから、今、自分が満足していないなら、幸せだと思えないなら、最初は自分を幸せにする、家族を幸せにするために、頑張ってお金を稼いで下さい。

そうして、自分や家族が心底幸せになったら、きっとあなたも、「もっと多くの人を幸せにしたい」と思うようになるはずです。

そうやって、1人1人が幸せになっていけば、日本全体が幸せになる。

私は、そう思って、今日も寝ずに頑張っています。

2013年4月吉日

特典動画

「人生を輝かせるお金の使い方」を公開中

特典動画　URL：http://pln-vision.com/present/

Facebookで「いいね！」を押してくれた人限定！

著者のMayuhime氏が、Facebookで「いいね！」を押してくれた人限定で「人生を輝かせるお金の稼ぎ方」をテーマに語った動画を公開中。しかも、本書のために撮り下ろした特典動画第2弾との2本立て！　貧乏のどん底からお金持ちの仲間入りを果たした著者の金言満載！

※Facebookのアカウントを持っていない人は、名前、メールアドレス、パスワード、性別、生年月日を入力し、無料登録を済ませた後、「いいね！」を押して下さい♥

資産10億円プチ富豪のマネーリテラシー

『稼ぐ力』を養う お金の教え60

人生を輝かせる
お金と幸せの方程式

著：Mayuhime

2013年5月1日　初版第1刷発行

発行者　久保田榮一
発行所　株式会社 扶桑社
〒105-8070　東京都港区海岸1-15-1
電話　03-5403-8875（編集）
販売　03-5403-8859（販売）
http://www.fusosha.co.jp/

企画・構成　山根洋士
デザイン　鈴木貴之
イラスト　渡辺貴博
DTP製作　ミューズグラフィック
印刷・製本　中央精版印刷株式会社

Printed in Japan　ISBN978-4-594-06812-7